Descubra Juegos Gratis Online

Disponibles Aquí:

BestActivityBooks.com/FREEGAMES

5 CONSEJOS PARA EMPEZAR

1) CÓMO RESOLVER LAS SOPA DE LETRAS

Los rompecabezas tienen un formato clásico:

- Las palabras se ocultan sin espacios ni guiones,...
- Orientación: Las palabras pueden escribirse hacia delante, hacia atrás, hacia arriba, hacia abajo o en diagonal (pueden estar invertidas).
- Las palabras pueden superponerse o cruzarse.

2) APRENDIZAJE ACTIVO

Junto a cada palabra hay un espacio para anotar la traducción. Para fomentar un aprendizaje activo, un **DICCIONARIO** al final de esta edición te permitirá comprobar y ampliar tus conocimientos. Busca y anota las traducciones, encuéntralas en el puzzle y añádelas a tu vocabulario!

3) MARCAR LAS PALABRAS

Puedes inventar tu propio sistema de marcado. ¿Quizás ya usas uno? También puedes, por ejemplo, marcar las palabras difíciles de encontrar con una cruz, las que te gustan con una estrella, las nuevas con un triángulo, las raras con un diamante, etc.

4) ESTRUCTURAR EL APRENDIZAJE

Esta edición ofrece un **CUADERNO DE NOTAS** muy práctico al final del libro. En vacaciones, de viaje o en casa, podrás organizar fácilmente tus nuevos conocimientos sin necesidad de un segundo cuaderno!

5) ¿HABÉIS TERMINADO TODAS LAS PARRILLAS?

En las últimas páginas de este libro, en la sección **DESAFÍO FINAL**, encontrarás un juego gratis!

¡Rápido y sencillo! Echa un vistazo a nuestra colección de libros de actividades para tu próximo momento de diversión y aprendizaje, ¡a sólo un clic de distancia!

Encuentre su próximo reto en:

BestActivityBooks.com/MiProximoLibro

En sus marcas, listos, ¡Ya!

¿Sabías que hay unas 7.000 lenguas diferentes en el mundo? Las palabras son preciosas.

Nos encantan los idiomas y hemos trabajado duro para crear libros de la más alta calidad para tí. ¿Nuestros ingredientes?

Una selección de temas adecuados para el aprendizaje, tres buenas porciones de entretenimiento, y luego añadimos una cucharada de palabras difíciles y una pizca de palabras raras. Los servimos con cariño y máxima diversión para que puedas resolver los mejores juegos de palabras y te diviertas aprendiendo!

Tu opinión es esencial. Puedes participar activamente en el éxito de este libro dejándonos un comentario. Nos encantaría saber qué es lo que más le ha gustado de esta edición.

Aquí hay un enlace rápido a tu página de pedidos:

BestBooksActivity.com/Opiniones50

Gracias por tu ayuda y diviértete!

Todo el equipo

1 - Ajedrez

อ	ห	ซ	ล	ฝ	ล	ธ	ก	ฝ	ม	ค	ะ	ห	ล
ค	◌ู	◌่	แ	ข	◌่	ง	ษ	แ	ไ	ร	ร	ฉ	จ
ด	ฟ	ร	ฟ	ค	ก	ถ	◌ั	ซ	ป	ม	ง	ล	ท
า	ฝ	ฝ	อ	ป	ซ	ย	ต	ก	ท	ท	แ	า	ศ
เ	ต	◌ำ	ษ	ก	ก	ง	ร	อ	ฎ	ท	ศ	ด	ร
ฉ	ร	ด	ฝ	พ	ศ	ท	◌ิ	◌ุ	อ	ศ	ป	ศ	ง
ณ	ด	◌ี	ม	ม	◌ุ	ง	ย	แ	ท	น	◌้	ส	เ
ค	ป	ส	ย	า	ฟ	ไ	◌์	ป	ม	ช	แ	ช	เ
ค	ว	◌ี	น	น	ล	◌่	เ	◌ั	◌ู	ผ	ช	ท	ก
ย	า	ล	ว	เ	ร	ก	ล	ย	◌ุ	ท	ธ	◌์	ม
เ	ข	ฉ	า	ภ	ย	◌ู	ญ	น	ศ	ร	ค	ก	ล
ค	ะ	แ	น	น	ญ	บ	◌ั	ผ	แ	ถ	ห	ด	ณ
ง	ษ	จ	พ	ษ	ฝ	ห	ค	ภ	ญ	ง	ป	ษ	บ
เ	ก	า	ร	แ	ข	◌่	ง	ข	◌ั	น	ว	ฟ	ซ

เรียนรู้
ขาว
แชมป์
เส้นทแยงมุม
กลยุทธ์
ฉลาด
เกม
ผู้เล่น
สีดำ
คู่แข่ง
รู
คะแนน
กฎ
ควีน
กษัตริย์
อุทิศ
เวลา
การแข่งขัน

2 - Agua

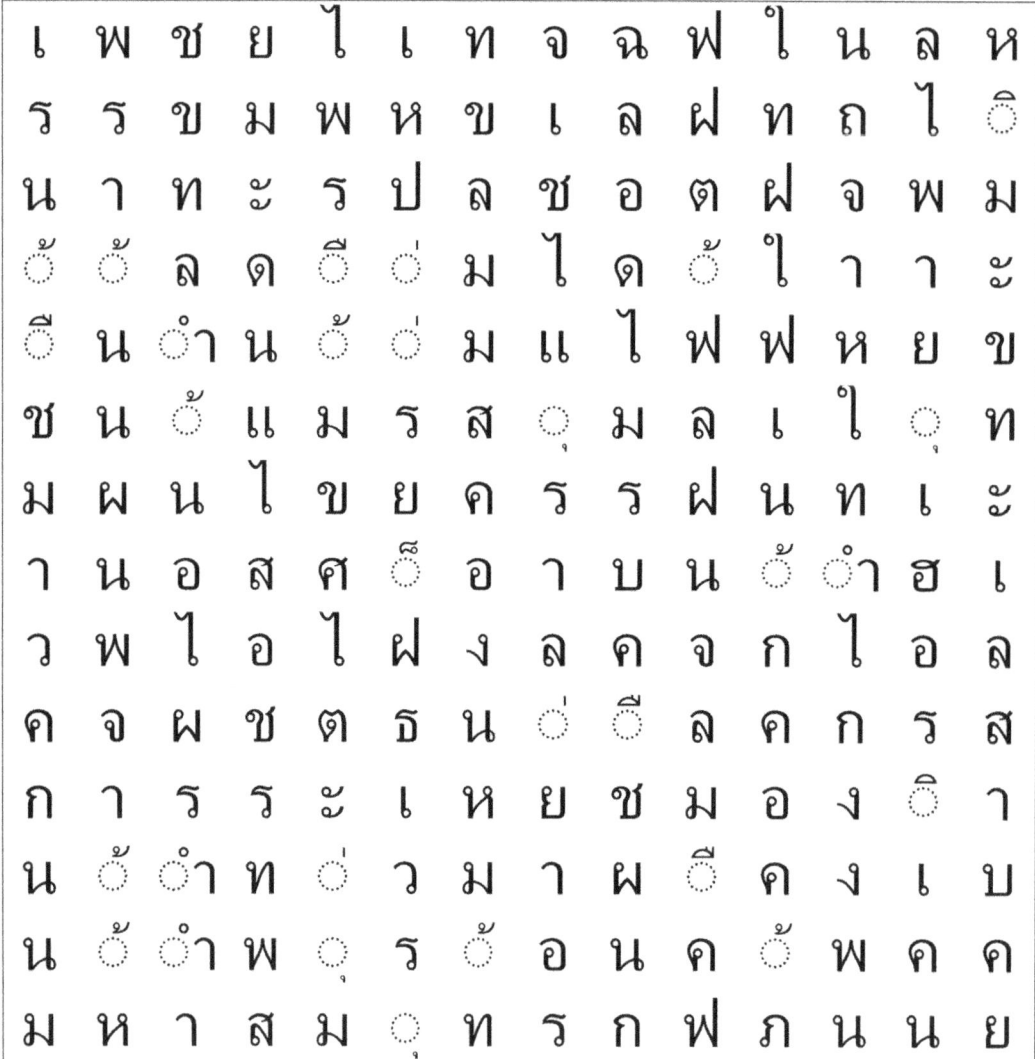

เ พ ช ย ไ เ ท จ ฉ ฟ ใ น ล ห
ร ร ข ม พ ห ข เ ฉ ฝ ท ถ ไ ◌ิ
น า ท ะ ร ป ล ช อ ต ฝ จ พ ม
◌้ ◌้ ล ด ◌ื ◌่ ม ไ ด ◌้ ใ า า ะ
◌ื น ◌ำ น ◌้ ◌่ ม แ ไ ฟ ฟ ห ย ข
ช น ◌้ แ ม ร ส ◌ุ ม ล เ ใ ◌ุ ท
ม ผ น ไ ข ย ค ร ร ฝ น ท เ ะ
า น อ ส ศ ◌็ อ า บ น ◌้ ◌ำ ฮ เ
ว พ ไ อ ไ ฝ ง ล ค จ ก ไ อ ล
ค จ ผ ช ต ธ น ◌่ ◌ื ล ค ก ร ส
ก า ร ร ะ เ ห ย ช ม อ ง ◌ิ า
น ◌้ ◌ำ ท ◌่ ว ม า ผ ◌ื ค ง เ บ
น ◌้ ◌ำ พ ◌ุ ร ◌้ อ น ค ◌้ พ ค ค
ม ห า ส ม ◌ุ ท ร ก ฟ ภ น น ย

คลอง	ฝน
อาบน้ำ	มรสุม
การระเหย	หิมะ
น้ำพุร้อน	มหาสมุทร
น้ำแข็ง	คลื่น
ความชื้น	ดื่มได้
พายุเฮอริเคน	ชลประทาน
ชื้น	แม่น้ำ
น้ำท่วม	ไอน้ำ
ทะเลสาบ	

3 - Arqueología

ผ	ห	ข	ฉ	ท	ี	ม	ม	พ	แ	น	ข	ศ	ก
ซ	ู	ฉ	ท	ท	ก	น	ถ	บ	ด	ั	ว	า	า
ฉ	ล	้	ร	ป	ส	ผ	ย	ผ	ค	ก	ร	ส	ร
น	ิ	ม	เ	ะ	ร	ป	ร	า	ก	ว	ล	ต	ว
ไ	ซ	ร	ก	ช	ภ	ข	ธ	ช	ะ	ิ	ู	ร	ิ
พ	ส	ร	น	ร	ี	ฝ	เ	ท	พ	จ	ก	า	เ
ย	อ	ธ	ว	า	ะ	่	ญ	ณ	ม	ั	ห	จ	ค
ุ	ฟ	ย	ั	ไ	บ	ด	ย	ง	ป	ย	ล	า	ร
ค	ข	ร	ต	ย	ม	ม	ู	ว	ี	ถ	า	ร	า
ท	ว	า	ถ	ต	ื	่	า	ก	ช	พ	น	ย	ะ
ญ	ง	อ	ุ	ไ	ล	จ	ท	ซ	ล	า	ช	์	ห
ข	จ	ย	ข	ต	แ	ฟ	ค	ร	ด	ม	ญ	ค	์
ส	ม	ั	ย	โ	บ	ร	า	ณ	า	ม	ย	ป	ซ
ค	ว	า	ม	ล	ึ	ก	ล	ั	บ	บ	ศ	ห	ต

การวิเคราะห์
สมัยโบราณ
ปี
อารยธรรม
ลูกหลาน
ไม่ทราบ
ทีม
ยุค
การประเมิน
ผู้เชี่ยวชาญ
ฟอสซิล
กระดูก
นักวิจัย
ความลึกลับ
วัตถุ
ลืม
ศาสตราจารย์
วัด

4 - Granja #2

ค	น	ศ	เ	พ	ฉ	ข	ณ	ผ	ย	น	ภ	ต	ส
า	น	ย	ถ	แ	ภ	ผ	ะ	น	ล	ค	า	ธ	ร
พ	า	เ	ธ	ล	บ	ป	โ	ธ	ถ	ไ	ห	ภ	◌ั
ง	ผ	ภ	ล	ใ	ช	น	ป	ร	ช	ภ	ม	แ	ง
ภ	ช	ด	ณ	◌ี	ไ	ค	ฝ	ด	ง	พ	ก	◌้	ผ
อ	า	ห	า	ร	◌้	ม	ไ	ล	ผ	น	ว	ส	◌ื
ล	◌ู	ก	แ	ก	ะ	ย	ล	า	ม	า	า	ช	◌้
แ	ห	ธ	จ	ต	ใ	ล	ง	เ	ป	◌็	ด	า	ง
ก	ฉ	ค	ง	ต	ฝ	จ	ส	แ	ไ	ม	พ	ว	ผ
ะ	ช	ล	ป	ร	ะ	ท	า	น	ก	ญ	โ	น	◌ั
ห	ข	◌้	า	ว	ส	า	ล	◌ี	ถ	ะ	ว	า	ก
น	ม	บ	า	ร	◌์	เ	ล	◌่	ย	◌์	า	ฝ	ต
ย	ท	ข	ป	ล	ช	ส	◌ั	ต	ว	◌์	◌้	ย	จ
ท	◌ุ	◌่	ง	ห	ญ	◌้	า	ข	ย	ช	ข	ฝ	ณ

ชาวนา
สัตว์
บาร์เล่ย์
รังผึ้ง
อาหาร
ลูกแกะ
ผลไม้
โรงนา
สวนผลไม้
นม
ลามา
ข้าวโพด
แกะ
คนเลี้ยงแกะ
เป็ด
ทุ่งหญ้า
ชลประทาน
ข้าวสาลี
ผัก

5 - La Empresa

ค	ว	า	ม	ค	◌ื	บ	ห	น	◌้	า	ง	ค	ผ
◌์	ท	◌ั	◌่	ว	โ	ล	ก	ษ	ร	ด	า	ว	ช
ร	ฝ	ค	ไ	ร	แ	ธ	◌ุ	ร	ก	◌ิ	จ	า	◌ี
ร	ภ	ภ	ซ	า	ล	ศ	ก	ซ	า	ก	◌้	ม	◌่
ส	ธ	ช	เ	ย	ฟ	ฟ	า	ม	ย	ไ	า	เ	อ
ง	ผ	ฉ	ห	ไ	ธ	อ	ร	◌ี	พ	ย	◌่	ป	เ
า	ภ	ล	ด	ด	ต	อ	ล	อ	◌ั	น	ค	◌็	ส
◌้	ไ	ห	◌ิ	◌้	พ	ณ	ง	อ	ร	ว	จ	น	◌ี
ร	ค	ญ	ม	ต	า	ล	ท	า	ท	◌ั	ถ	ไ	ย
ส	ภ	อ	ญ	ผ	ภ	ณ	◌ุ	ช	ญ	ต	ข	ป	ง
ห	น	◌่	ว	ย	ณ	◌ั	น	◌ี	ถ	ก	ข	ไ	ป
ผ	ห	ก	ร	ก	◌ุ	ฝ	ณ	พ	ณ	ร	บ	ด	ษ
ฝ	ผ	ว	ไ	ด	ค	า	ม	ฑ	า	ร	ท	◌้	ล
ก	า	ร	น	◌ำ	เ	ส	น	อ	◌์	ม	แ	แ	ฉ

คุณภาพ
สร้างสรรค์
ทั่วโลก
รายได้
นวัตกรรม
การลงทุน
ธุรกิจ
ความเป็นไปได้
การนำเสนอ
ผลิตภัณฑ์
มืออาชีพ
ความคืบหน้า
ทรัพยากร
ชื่อเสียง
ค่าจ้าง
หน่วย

6 - Aviones

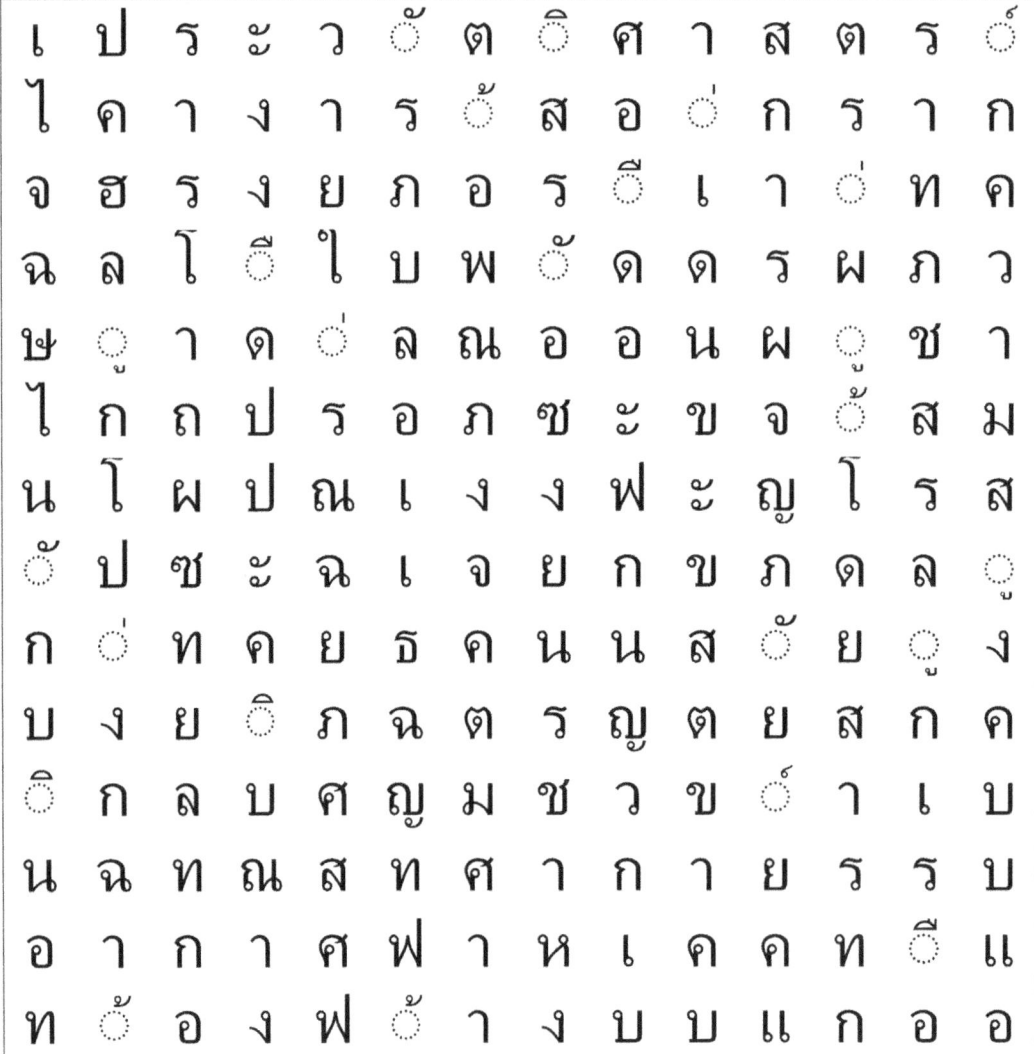

เ	ป	ร	ะ	ว	◌ั	ต	◌ิ	ศ	า	ส	ต	ร	◌์
ไ	ค	า	ง	า	ร	◌้	ส	อ	◌่	ก	ร	า	ก
จ	ฮ	ร	ง	ย	ภ	อ	ร	◌ี	เ	า	◌่	ท	ค
ฉ	ล	โ	◌ี	ไ	บ	พ	◌ั	ด	ด	ร	ผ	ภ	ว
ษ	◌ู	า	ด	◌่	ล	ณ	อ	อ	น	ผ	◌ู	ช	า
ไ	ก	ถ	ป	ร	อ	ภ	ซ	ะ	ข	จ	◌้	ส	ม
น	โ	ผ	ป	ณ	เ	ง	ง	ฟ	ะ	ญ	โ	ร	ส
◌ั	ป	ซ	ะ	ฉ	เ	จ	ย	ก	ข	ภ	ด	ล	◌ู
ก	◌่	ท	ค	ย	ธ	ค	น	น	ส	◌ั	ย	◌ู	ง
บ	ง	ย	◌ิ	ภ	ฉ	ต	ร	ญ	ต	ย	ส	ก	ค
◌ิ	ก	ล	บ	ศ	ญ	ม	ช	ว	ข	◌์	า	เ	บ
น	ฉ	ท	ณ	ส	ท	ศ	า	ก	า	ย	ร	ร	บ
อ	า	ก	า	ศ	ฟ	า	ห	เ	ค	ค	ท	◌ี	แ
ท	◌้	อ	ง	ฟ	◌้	า	ง	บ	บ	แ	ก	อ	อ

อากาศ
ความสูง
ท่าเรือ
บรรยากาศ
การผจญภัย
ท้องฟ้า
การก่อสร้าง
ทิศทาง
ออกแบบ
ลูกโป่ง
ใบพัด
ไฮโดรเจน
ประวัติศาสตร์
เครื่องยนต์
ผู้โดยสาร
นักบิน
ลูกเรือ

7 - Tipos de Cabello

ส	เ	ฝ	จ	ส	ผ	ห	ง	ช	ท	ฟ	ภ	น	ห
◌ี	ธ	ม	ฟ	◌ี	แ	ห	◌ั	ง	ล	ส	ห	ไ	พ
เ	ไ	ง	ศ	บ	แ	ห	ษ	ง	ป	ท	น	ป	ด
ท	บ	า	ง	ล	บ	ข	ญ	ง	เ	พ	า	ฟ	ณ
า	ไ	ร	จ	อ	น	ไ	◌็	ษ	ย	ญ	ซ	จ	ห
ย	ธ	ร	ท	น	ศ	เ	ถ	ง	ด	า	ณ	ฟ	อ
ป	น	ข	◌ำ	ด	◌ี	ส	ง	ะ	แ	ษ	พ	ะ	ม
◌ี	ผ	แ	ษ	◌์	อ	า	ไ	◌ิ	ช	ร	ศ	ว	ล
เ	ธ	ะ	ษ	ร	ศ	◌ี	ง	◌ั	น	ห	ง	ท	ะ
ก	อ	◌่	อ	น	น	◌ุ	◌่	ม	ร	ว	ค	เ	ส
◌ั	ก	ท	แ	เ	อ	อ	ว	ณ	ผ	ก	ย	า	◌ั
ถ	◌ั	ก	ข	ข	ส	◌ี	น	◌้	◌ำ	ต	า	ล	◌ั
ห	ย	◌ิ	ก	า	า	ย	า	ว	ไ	ญ	ห	ข	น
ง	ห	น	า	ล	◌้	ว	◌ั	ห	เ	ง	า	ค	น

ขาว
เงา
หนังศีรษะ
หัวล้าน
สั้น
บาง
สีเทา
หนา
ยาว
สีน้ำตาล
สีดำ
หยัก
เงิน
หยิก
สีบลอนด์
แข็งแรง
แห้ง
อ่อนนุ่ม
ถัก
ถักเปีย

8 - Ciencia Ficción

จ	ง	ต	เ	น	ล	ถ	ม	ฉ	ซ	ถ	น	เ	ม
ท	ย	ฝ	ธ	ด	◌ึ	ภ	ห	ญ	เ	า	ส	ท	อ
ห	ธ	น	ก	ข	ก	ไ	◌ั	ณ	ว	ต	◌ิ	ค	ส
ธ	น	ฝ	ไ	◌ี	ล	ร	ศ	พ	ร	ง	ท	โ	ถ
ด	ธ	◌ั	ภ	ด	◌ั	ฟ	จ	ห	พ	ว	ธ	น	า
ป	ว	อ	ง	◌ุ	บ	อ	ร	อ	ษ	ล	◌ิ	โ	น
พ	จ	◌้	ข	ส	ไ	ฟ	ร	ศ	น	พ	◌์	ล	ก
ฝ	ว	พ	ว	ข	◌ี	ช	ย	ส	ม	า	น	ย	า
ญ	ต	เ	ญ	ณ	ว	อ	◌์	ซ	ญ	ภ	ค	◌ี	ร
อ	ก	า	แ	ล	ก	ซ	◌ี	◌่	ซ	ต	ข	ต	ณ
โ	ะ	โ	ร	ง	ภ	า	พ	ย	น	ต	ร	◌์	◌์
ล	ซ	ต	◌์	น	ย	น	◌่	◌ุ	ห	ป	ญ	น	ท
ก	พ	พ	อ	ด	า	ว	เ	ค	ร	า	ะ	ห	◌์
ไ	ก	ล	พ	ม	ก	า	ร	ร	ะ	เ	บ	◌ิ	ด

อะตอม
โรงภาพยนตร์
ไกล
สถานการณ์
การระเบิด
สุดขีด
มหัศจรรย์
ไฟ
อนาคต
กาแลกซี่
ภาพลวงตา
เพ้อฝัน
หนังสือ
ลึกลับ
โลก
สิทธิ์
ดาวเคราะห์
หุ่นยนต์
เทคโนโลยี

9 - Circo

ข	ร	◌์	อ	ก	เ	ก	◌ั	จ	ช	ก	ม	บ	ต
บ	ศ	ด	ไ	า	ข	น	ร	ง	จ	◌้	เ	ส	◌ั
ว	ฝ	ร	บ	ย	เ	ต	◌็	น	ท	◌์	า	จ	ว
น	ถ	ด	ล	ก	า	ย	า	ม	ก	◌ั	น	ง	ต
แ	ถ	น	◌ั	ร	ม	า	ย	า	ก	ล	น	◌ิ	ล
ห	ะ	ต	ด	ร	อ	ถ	ง	ง	ด	ส	แ	ล	ก
◌่	อ	ร	◌็	ม	ก	ะ	ด	ด	ส	◌ิ	ง	โ	ต
ง	ฝ	◌ี	ล	ศ	◌ู	ต	ป	ง	ข	ม	ห	ไ	ม
ภ	ห	ง	ค	ณ	ล	ช	◌ั	ด	ฉ	ว	ห	ร	ข
ไ	ะ	ว	เ	ย	ม	เ	บ	◌๋	จ	ส	ไ	ศ	ช
ล	◌ู	ก	โ	ป	◌่	ง	ส	ษ	ว	◌์	ต	◌ั	ส
ณ	ผ	ส	ไ	ค	ค	ไ	ม	◌ี	ร	พ	ศ	ผ	แ
ช	พ	บ	ภ	ญ	ม	ซ	น	า	อ	ค	ต	ช	ฟ
ช	◌ุ	ด	แ	ต	◌่	ง	ก	า	ย	ม	ฟ	ร	ว

กายกรรม
สัตว์
ตั๋ว
ลูกอม
เต็นท์
ขบวนแห่
ช้าง
งดงาม
ลูกโป่ง
สิงโต
มายากล
นักมายากล
จักเกอร์
ลิง
แสดง
ดนตรี
ตัวตลก
เสือ
ชุดแต่งกาย
เคล็ดลับ

10 - Granja #1

น	ป	อ	ห	ข	ผ	ฉ	ญ	ม	แ	ฉ	ธ	ง	ห
ม	ข	◌ี	ม	◌้	เ	◌ึ	า	◌้	ล	ฟ	ซ	ไ	ณ
ศ	ง	ก	า	า	ก	ย	◌้	า	ภ	า	ห	จ	ว
ช	ป	า	อ	ว	ษ	ผ	ะ	ง	ฝ	ฟ	ท	ไ	จ
ไ	ภ	◌ุ	ต	แ	ต	ว	ถ	ค	ล	พ	◌ี	ฟ	ก
น	ผ	บ	◌๋	ะ	ร	ห	ง	อ	ข	ะ	◌่	พ	พ
ป	◌้	ะ	จ	ย	ก	เ	ช	ศ	น	พ	ด	ข	น
ต	ภ	◌ำ	น	ด	ร	เ	ข	ง	ช	แ	◌ิ	ท	ต
ช	จ	◌้	ผ	เ	ร	ธ	ท	ห	อ	ม	น	ษ	จ
ศ	ข	น	ต	◌ึ	ม	า	น	ส	ฟ	ว	ค	ง	ฉ
ร	◌ั	◌้	ว	ร	◌้	ย	ง	า	แ	◌ั	น	ภ	ม
เ	ม	ล	◌็	ด	เ	ง	ป	บ	ก	ว	ข	า	ล
ะ	อ	ญ	ม	ช	ภ	น	◌่	อ	ง	ฟ	า	ง	า
ไ	ก	◌่	ณ	ฟ	ถ	า	ว	พ	ซ	ค	ษ	ธ	ช

ผึ้ง
เกษตรกรรม
น้ำ
ข้าว
ลา
ม้า
แพะ
สนาม
อีกา
ปุ๋ย

แมว
ฟาง
น้ำผึ้ง
หมา
ไก่
เมล็ด
น่อง
ที่ดิน
วัว
รั้ว

11 - Camping

ด	ร	ฟ	แ	ซ	ว	บ	ส	ธ	ไ	เ	ส	ถ	ต
ล	ว	ฉ	ช	ป	น	า	◌ั	ก	ฟ	แ	ฟ	ธ	ท
แ	◌่	ง	า	◌้	ห	ส	ต	เ	ช	◌ี	อ	ก	ภ
ม	ธ	า	จ	ฟ	ล	ล	ว	ต	◌้	น	ไ	ม	◌้
ล	ร	ภ	ส	◌ั	ซ	เ	◌์	ย	ฝ	ษ	ฟ	ส	แ
ง	ร	ล	◌ู	◌ั	น	ะ	น	ว	ญ	ล	ป	เ	ผ
ฝ	ม	ค	น	เ	ต	ท	◌์	น	◌็	ต	เ	ข	น
บ	ช	ซ	ค	ฉ	ข	ว	ร	ณ	อ	ห	ถ	◌็	ท
ข	า	ต	แ	ค	อ	า	◌์	◌์	อ	า	บ	ม	◌ี
ด	ต	ย	◌ั	ภ	ญ	จ	ผ	ร	า	ก	ส	ท	◌่
ไ	◌ิ	ห	ม	ว	ก	ณ	ป	ก	ก	ห	อ	◌ิ	ธ
ณ	บ	ผ	ถ	ว	ญ	บ	ง	ป	บ	แ	ซ	ศ	น
ป	ถ	น	ห	จ	ไ	า	ไ	◌ุ	น	น	ส	ม	ว
ญ	ไ	เ	ไ	ฝ	อ	ล	ฟ	อ	ป	◌่	า	บ	ฝ

สัตว์
การผจญภัย
ต้นไม้
ป่า
เข็มทิศ
ห้าง
แคนู
เต็นท์
ล่าสัตว์
เชือก
อุปกรณ์
ไฟ
เปลญวน
แมลง
ทะเลสาบ
ดวงจันทร์
แผนที่
ภูเขา
ธรรมชาติ
หมวก

12 - Fruta

เ	ม	ล	อ	น	ด	ร	ผ	ษ	แ	ม	ห	อ	ร
อ	◌้	ผ	ฟ	ผ	ด	ศ	ป	ฟ	อ	ะ	ล	า	า
ง	ส	ไ	น	ด	ศ	า	ง	ณ	ป	ม	พ	โ	ส
◌ุ	ล	น	◌ี	ร	า	ท	ค	น	เ	◌่	ซ	ว	เ
◌่	น	ผ	จ	แ	พ	ง	ษ	ษ	ป	ว	ล	ค	บ
น	ห	จ	ป	ก	ม	◌ี	ห	จ	◌ิ	ง	◌ู	า	อ
ม	ไ	ม	ล	ล	ะ	ม	ช	ย	◌้	แ	ก	โ	ร
ม	ะ	ส	ม	◌้	น	พ	ธ	า	ล	อ	แ	ด	◌์
ฝ	ะ	พ	ไ	ว	า	น	ภ	ฝ	ห	ป	พ	ไ	ร
ร	ล	ล	ร	ย	ว	◌ี	◌่	◌ี	ก	ร	ร	ไ	◌ี
◌ั	ท	ข	ะ	◌้	น	ช	ศ	จ	ญ	◌ิ	◌์	ย	◌่
◌่	ย	ณ	ณ	ก	า	ท	แ	ภ	ศ	ค	ว	บ	ถ
ง	จ	ป	ย	ท	อ	ว	ไ	บ	ซ	อ	จ	ช	ษ
ส	◌ั	ป	ป	ะ	ร	ด	ส	ฉ	ฟ	ท	ฉ	ถ	ป

อาโวคาโด
แอปริคอท
มะพร้าว
ราสเบอร์รี่
ฝรั่ง
กีวี่
มะนาว
มะม่วง
แอปเปิ้ล
พีช
เมลอน
ส้ม
เนคทารีน
มะละกอ
ลูกแพร์
สับปะรด
กล้วย
องุ่น

13 - Geología

ห	ท	ค	ม	ณ	ถ	ญ	ด	ผ	อ	ใ	ธ	แ	แ
ิ	พ	ไ	ว	น	้	ย	แ	ใ	ญ	อ	ง	ผ	ร
น	ด	เ	ร	อ	ำ	ต	บ	ณ	ไ	ะ	ส	่	่
ง	า	แ	ญ	่	ท	ช	ต	ถ	ห	เ	ู	น	ธ
อ	ฟ	ค	ข	ร	ห	ซ	า	ป	า	อ	บ	ด	า
ก	ญ	ล	ข	ศ	ิ	ด	์	ล	า	ว	า	ิ	ต
ค	ภ	เ	ผ	ป	น	ิ	ห	อ	ภ	ม	ร	น	ุ
ร	ู	ซ	ข	ง	ย	ไ	ป	ี	ว	ฉ	่	ไ	ษ
ิ	เ	ี	ศ	ั	้	ย	จ	ล	ร	ข	ี	ห	ใ
ส	ข	ย	์	ร	อ	ซ	เ	ก	ไ	ค	ท	ว	ภ
ต	า	ม	ะ	า	ย	ไ	ณ	เ	ช	ก	ร	ด	ห
ั	ไ	ก	ต	ก	ท	ว	ี	ป	บ	ั	ม	ไ	ศ
ล	ฟ	ภ	ธ	ะ	ฟ	อ	ส	ซ	ิ	ล	้	ะ	ผ
พ	บ	ก	ษ	ป	ญ	ด	บ	ร	ด	ญ	ผ	น	ง

กรด
แคลเซียม
ชั้น
ถ้ำ
ทวีป
ปะการัง
คริสตัล
ควอทซ์
ร่อน
หินย้อย
หินงอก
ฟอสซิล
ไกเซอร์
ลาวา
ที่ราบสูง
แร่ธาตุ
หิน
เกลือ
แผ่นดินไหว
ภูเขาไฟ

14 - Álgebra

ผ	ย	จ	ั	จ	ั	ป	ป	บ	ซ	า	แ	ต	ร
ค	ฝ	ว	ภ	ก	แ	ร	ั	ซ	ก	เ	ผ	ั	ไ
อ	น	ั	น	ต	์	ิ	ญ	ว	ะ	ศ	น	ว	ญ
ส	ด	ท	เ	เ	อ	ม	ห	ท	ำ	ษ	ภ	แ	เ
ห	า	า	แ	ป	ถ	า	า	ฉ	ไ	ส	า	ป	ช
ณ	ท	ร	ไ	ว	ษ	ณ	ง	แ	ว	่	พ	ร	ิ
ห	ว	ะ	ล	ช	ั	ห	ฝ	ห	ห	ว	ผ	า	ง
ผ	ว	แ	ษ	ะ	ส	ต	ช	า	ฟ	น	ฉ	ต	เ
พ	ด	ง	ญ	บ	ล	ก	า	ร	ล	บ	ส	ั	ส
ท	ร	ผ	เ	ป	ถ	า	ล	ต	เ	ร	ม	ว	ั้
แ	ผ	น	ก	ล	ม	ซ	ย	ู	ท	ณ	ก	เ	น
ค	ว	ย	ธ	ธ	็	ร	บ	ส	็	ญ	า	ล	ซ
ศ	ซ	ก	ส	ส	ค	บ	ม	แ	จ	ป	ร	ข	บ
ฉ	ศ	ู	น	ย	์	เ	ม	ต	ร	ิ	ก	ซ	์

ปริมาณ
ศูนย์
แผนภาพ
แผนก
สมการ
ตัวแทน
ปัจจัย
เท็จ
สูตร
เศษส่วน
อนันต์
เชิงเส้น
เมตริกซ์
ตัวเลข
วงเล็บ
ปัญหา
การลบ
ทำ
สารละลาย
ตัวแปร

15 - Plantas

ห	ญ	◌้	า	ย	ต	เ	ญ	ย	ป	◌ุ	◌๋	ย	ต
ก	ะ	ม	ม	ณ	ข	อ	บ	ฟ	ไ	ผ	ก	ถ	◌้
บ	ะ	ไ	ไ	ไ	แ	ล	จ	อ	า	ใ	ต	ญ	น
ภ	ง	ก	อ	อ	บ	◌ี	ล	ก	ร	ย	ญ	บ	ไ
ฝ	ม	อ	จ	ล	ว	ใ	ม	า	อ	◌์	ย	ญ	ม
ค	ข	ด	พ	◌ี	ช	◌ี	บ	พ	ล	ต	ร	ห	◌้
ม	อ	ส	ส	◌์	ป	ร	◌่	ว	ฟ	◌ิ	ค	◌ี	จ
ไ	ม	◌้	ไ	ผ	◌่	า	ภ	บ	ช	ท	พ	ภ	◌่
น	ข	ษ	จ	ด	ณ	ก	ด	ะ	บ	า	า	แ	จ
ก	ร	ะ	บ	อ	ง	เ	พ	ช	ร	อ	ย	ท	ฝ
บ	ต	ษ	ท	ศ	ด	ถ	ซ	ศ	ผ	ง	ม	ล	ญ
◌ุ	ะ	ย	ใ	ย	ร	ม	ด	ะ	ว	ว	◌่	◌ั	ถ
ช	ส	ว	น	ย	ร	ถ	พ	เ	อ	ด	ป	◌่	า
พ	ฤ	ก	ษ	ศ	า	ส	ต	ร	◌์	ฟ	ท	ข	ญ

บุช
ต้นไม้
ไม้ไผ่
เบอร์รี่
ป่า
พฤกษศาสตร์
กระบองเพชร
ปุ๋ย
ดอกไม้
ฟลอรา

ใบไม้
ถั่ว
ไอวี่
หญ้า
สวน
มอสส์
กลีบ
ราก
ดวงอาทิตย์
พืช

16 - Suministros de Arte

ส	◌ี	น	◌้	◌ำ	ฉ	ด	ณ	ล	พ	ฉ	า	ข	แ
ง	ส	ม	ง	ผ	◌้	ถ	◌่	า	น	ม	ด	า	ป
ง	ณ	◌ั	ซ	ฝ	เ	น	ธ	ภ	ไ	บ	ฝ	ต	ร
ด	ค	◌ำ	ย	ต	ก	ก	ร	ะ	ด	า	ษ	◌ั	ง
ก	ล	◌้	อ	ง	◌้	โ	ะ	ต	น	น	บ	◌้	แ
◌ึ	◌ิ	น	ว	ว	า	ก	ต	ก	ก	ไ	แ	ง	ย
ม	◌ิ	ย	ฝ	ค	อ	ป	ฉ	◌๊	จ	ไ	ง	ช	ว
ห	ร	จ	า	ไ	◌ี	ค	ธ	ะ	ะ	อ	พ	า	ส
เ	ค	ฝ	ะ	ง	◌้	น	ซ	ค	เ	เ	ม	ข	ย
เ	ะ	ถ	ห	ท	ล	ร	เ	ม	พ	ด	พ	ฟ	ภ
ธ	อ	ช	ส	ธ	ผ	บ	ค	ช	แ	◌ี	ศ	ซ	น
ด	◌ิ	น	ส	อ	ฝ	ข	ว	ะ	◌์	ย	ล	ค	เ
ผ	ผ	ะ	ต	ญ	ข	ฟ	ข	ณ	น	ร	ษ	ะ	า
ห	ฉ	ว	ป	ค	ซ	ส	ฝ	ฝ	ไ	ก	ล	ธ	ค

น้ำมัน
อะคริลิค
สีน้ำ
น้ำ
เคลย์
ยางลบ
ขาตั้ง
ถ่าน
กล้อง
แปรง
สี
ไอเดีย
ดินสอ
โต๊ะ
กระดาษ
พาส
กาว
เก้าอี้
หมึก

17 - Negocio

ภ	ซ	ส	อ	ค	ต	ด	ไ	ง	บ	ค	ค	เ	ก
ณ	า	ศ	◌ิ	ฟ	ฟ	อ	อ	บ	ร	◌่	ไ	ศ	า
า	เ	ษ	ช	น	◌ิ	ง	เ	ป	◌ิ	า	ส	ร	ร
ญ	ง	ไ	◌ี	า	ค	า	ก	ร	ษ	ไ	ส	ษ	ล
ง	า	แ	ฉ	ง	ร	◌้	ะ	ะ	◌ั	ช	ถ	ฐ	ง
ย	น	ห	ธ	ก	ถ	จ	า	ม	ท	◌้	ธ	ศ	ท
ไ	◌ิ	จ	ด	◌ั	ซ	ย	ร	า	ม	จ	◌ุ	า	◌ุ
ง	ง	ป	จ	น	อ	า	ต	ณ	ย	◌่	ร	ส	น
ศ	เ	น	ห	พ	า	น	น	ะ	ฟ	า	ก	ต	ถ
ฝ	ร	ข	า	ย	ช	ง	◌ิ	ง	ฟ	ย	ร	ร	เ
ถ	า	ญ	เ	ล	◌ี	ซ	ง	ต	ช	ถ	ร	◌์	ศ
ท	ก	ะ	ข	ส	พ	ผ	เ	ร	ห	า	ม	ฉ	ฉ
ก	ส	◌่	ว	น	ล	ด	แ	ภ	โ	ร	◌้	า	น
ฝ	ไ	า	ย	ป	เ	อ	ม	ว	ท	ล	ะ	บ	ศ

อาชีพ
ค่าใช้จ่าย
ส่วนลด
เงิน
เศรษฐศาสตร์
พนักงาน
นายจ้าง
บริษัท
โรงงาน
การเงิน
ภาษี
การลงทุน
สินค้า
เงินตรา
ออฟฟิศ
งบประมาณ
ร้าน
งาน
ธุรกรรม
ขาย

18 - Jardín

ผ	น	◌้	ธ	อ	ง	น	◌ั	◌่	า	◌้	ม	ต	ส
เ	บ	ม	ม	ค	ย	ช	◌ุ	บ	ก	ภ	ค	ม	ภ
ย	ช	ไ	ด	น	◌ี	ล	พ	โ	ม	ร	ท	แ	ค
ต	า	ล	อ	ว	บ	ภ	ย	◌ี	จ	ฝ	ธ	ต	ภ
ช	◌้	ผ	พ	ส	เ	ด	ไ	ข	ช	ช	ก	ฟ	ฟ
ศ	ญ	น	◌ิ	ด	ะ	น	ไ	ฝ	ฉ	◌ั	ฟ	อ	ง
ช	ห	ว	ไ	ค	ร	า	ด	ช	ษ	ธ	ว	ห	ร
ด	ม	ส	ล	ม	ล	◌้	ร	แ	น	เ	พ	ญ	ม
ซ	า	เ	ด	อ	◌้	บ	◌ั	ก	ช	ศ	พ	◌้	ม
ต	น	ย	ป	ว	ะ	น	◌้	แ	า	ช	ล	า	เ
า	ส	ล	ซ	ล	ข	า	ว	า	ต	เ	◌ั	ส	ซ
โ	ร	ง	ร	ถ	ญ	ช	◌ำ	น	◌้	อ	◌่	บ	ต
ด	อ	ก	ไ	ม	◌้	ว	ไ	ป	า	◌่	ว	ฝ	ต
เ	ภ	ล	บ	ไ	ผ	เ	น	น	ร	ท	ต	า	ะ

บุช
ต้นไม้
ม้านั่ง
สนามหญ้า
บ่อน้ำ
ดอกไม้
โรงรถ
เปลญวน
หญ้า
สวนผลไม้
สวน
วัชพืช
ท่อ
พลั่ว
ระเบียง
คราด
ดิน
ชานบ้าน
แทรมโพลีน
รั้ว

19 - Países #2

ญ	ส	ฝ	ฝ	ร	เ	จ	ซ	ข	น	ล	ว	ซ	แ
ค	ช	ธ	ร	◌ั	ม	น	า	◌ู	ถ	า	ฝ	◌ี	อ
น	ย	ญ	◌ั	ส	◌็	ป	า	ไ	ด	ว	เ	เ	ล
ผ	◌ี	ษ	◌่	เ	ก	◌ุ	า	ค	ม	า	ป	ร	เ
ฟ	ร	ก	ง	ซ	ซ	◌่	ม	ก	ภ	ก	น	◌ี	บ
น	ต	ร	เ	◌ี	◌ิ	◌่	ม	ว	◌ี	ฝ	◌้	ย	เ
ร	เ	◌ี	ศ	ย	โ	◌ี	ธ	ค	ไ	ส	ช	า	น
ค	ส	ซ	ส	ต	ก	ญ	จ	ไ	จ	ผ	ถ	อ	◌ี
เ	อ	ธ	◌ิ	โ	อ	เ	ป	◌ี	ย	ง	ม	า	ย
◌ู	อ	โ	ป	ร	ต	◌ุ	เ	ก	ส	ก	ไ	พ	น
ย	ซ	◌ี	เ	น	◌ี	ด	โ	น	◌ิ	อ	ย	ย	ไ
ไ	อ	ร	◌์	แ	ล	น	ด	◌์	ป	ก	ญ	ฉ	ธ
บ	ภ	อ	อ	ส	เ	ต	ร	เ	ล	◌ี	ย	แ	ด
เ	ด	น	ม	า	ร	◌์	ก	พ	อ	ณ	า	ล	ฟ

แอลเบเนีย
ออสเตรเลีย
ออสเตรีย
เดนมาร์ก
เอธิโอเปีย
ฝรั่งเศส
กรีซ
อินโดนีเซีย
ไอร์แลนด์
จาไมก้า
ญี่ปุ่น
ลาว
เม็กซิโก
ปากีสถาน
โปรตุเกส
รัสเซีย
ซีเรีย
ซูดาน
ยูเครน

20 - Tecnología

ค	ค	ว	า	ม	ป	ล	อ	ด	ภ	◌ั	ย	เ	ข
ง	อ	◌้	ล	ก	ด	ร	ษ	ก	◌ั	อ	บ	บ	แ
า	แ	ม	ห	ล	ป	ร	ะ	ะ	ไ	ซ	ซ	ร	ป
ป	ธ	ภ	พ	ล	ภ	◌์	ล	ฟ	ไ	ฟ	อ	า	บ
ล	น	ผ	ฉ	◌ิ	ช	อ	น	ม	ห	ส	ฟ	ว	แ
บ	ล	◌็	อ	ก	ว	ซ	ป	ภ	ย	ภ	ต	◌์	ษ
ด	ศ	ข	ไ	ณ	ภ	เ	ฟ	ธ	ฉ	น	◌์	เ	ณ
ห	◌ิ	อ	ถ	ว	ภ	◌์	ต	บ	ไ	ซ	แ	ซ	ด
ป	ย	จ	◌ั	◌ิ	ว	ร	ง	อ	บ	า	ว	อ	ฟ
ฟ	ท	ส	◌ิ	ช	ฉ	อ	ต	ผ	ร	ด	ร	ร	ภ
เ	พ	ไ	ถ	ท	ศ	ค	ถ	ม	ฟ	◌์	◌์	◌์	ผ
ป	ณ	ล	ต	◌ิ	◌ั	เ	ข	◌้	อ	ค	ว	า	ม
ไ	ว	ร	◌ั	ส	ต	ล	ห	น	◌้	า	จ	อ	ต
ข	◌้	อ	ม	◌ู	ล	◌ิ	เ	ส	ม	◌ื	อ	น	ณ

ไฟล์   วิจัย
บล็อก   ข้อความ
ไบต์   เบราว์เซอร์
กล้อง   คอมพิวเตอร์
เคอร์เซอร์   หน้าจอ
ข้อมูล   ความปลอดภัย
ดิจิทัล   ซอฟต์แวร์
สถิติ   เสมือน
แบบอักษร   ไวรัส

21 - Números

ท	ห	ซ	ศ	ง	อ	ส	บ	◌ิ	ส	เ	ง	ฉ	ม
ส	ศ	อ	ค	ณ	อ	◌ิ	น	ฟ	เ	แ	อ	ไ	ป
◌ิ	ส	น	ด	ป	แ	บ	◌ิ	ส	◌ิ	บ	ส	◌ี	◌่
บ	ผ	◌ี	◌ิ	ป	อ	ห	ไ	ธ	ศ	◌ิ	ญ	ไ	ส
ส	ช	ผ	◌่	ย	แ	◌้	ว	น	ป	ส	ผ	ด	◌ิ
า	◌้	ห	ส	ว	ม	า	ก	◌้	เ	บ	◌ิ	ส	บ
ม	า	ส	◌ิ	ป	ฝ	◌้	ล	ฟ	จ	ส	จ	ส	เ
ก	า	ม	บ	ฟ	ฉ	ก	ญ	ธ	ล	◌ิ	ภ	แ	จ
ช	ซ	า	ห	ช	ะ	เ	ม	ฝ	ร	◌่	ล	ไ	◌็
ว	ล	ะ	ก	ป	ท	ซ	ไ	ค	ส	◌ี	ไ	ฝ	ด
ข	แ	เ	ฝ	ถ	ญ	ย	ก	ห	ไ	ย	อ	ฉ	◌็
ห	ป	อ	ท	ต	พ	ศ	◌ู	น	ย	◌์	ศ	ซ	จ
ก	จ	บ	พ	ส	ห	ภ	ว	ณ	ล	พ	จ	ช	เ
ฉ	ษ	ฟ	น	แ	จ	ว	ง	ป	บ	ร	ต	ผ	ค

สิบสี่
ศูนย์
ห้า
สี่
ทศนิยม
สิบเก้า
สิบแปด
สิบหก
สิบเจ็ด
สิบ
สิบสอง
สอง
เก้า
แปด
สิบห้า
หก
เจ็ด
สิบสาม
สาม
ยี่สิบ

22 - Física

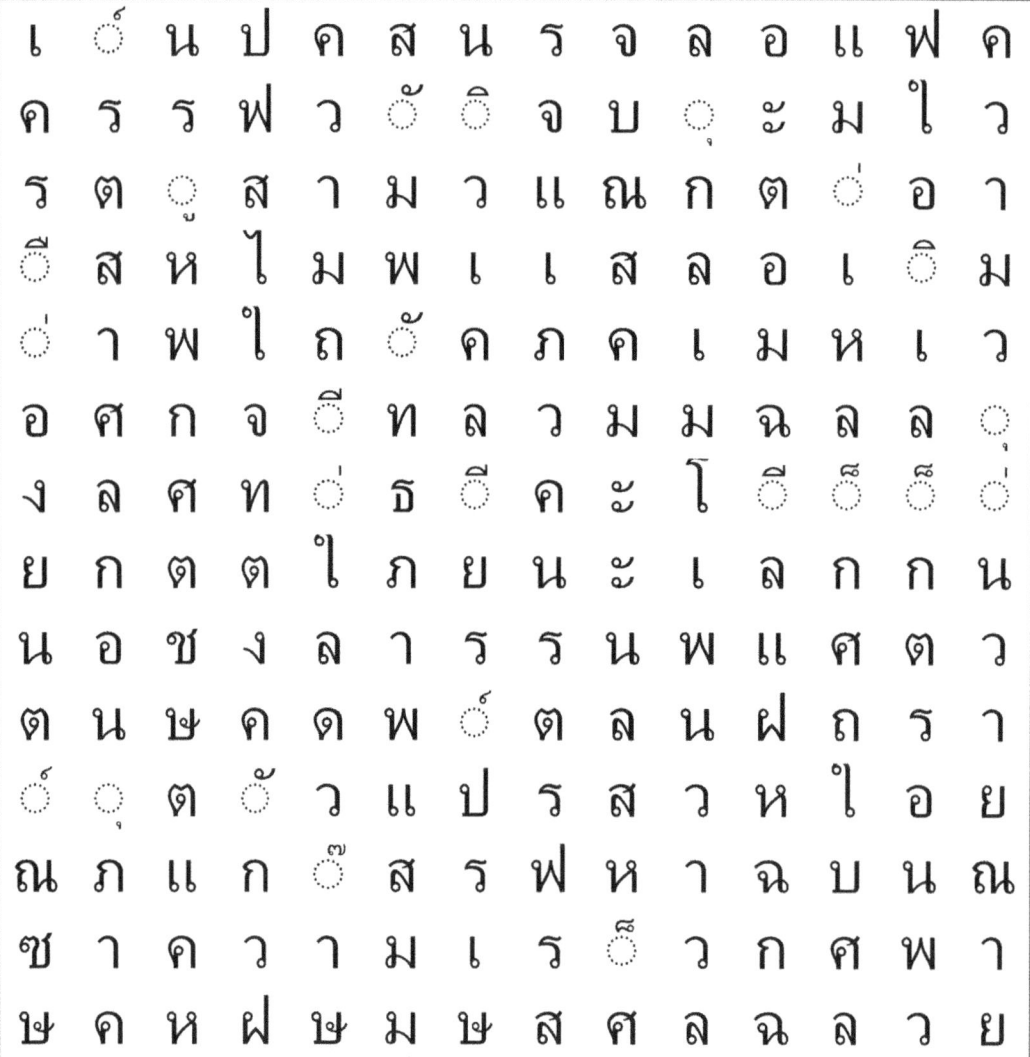

เ	◌์	น	ป	ค	ส	น	ร	จ	ล	อ	แ	ฟ	ค
ค	ร	ร	ฟ	ว	◌ั	◌ิ	จ	บ	◌ุ	ะ	ม	ไ	ว
ร	ต	◌ู	ส	า	ม	ว	แ	ณ	ก	ต	◌่	อ	า
◌ี	ส	ห	ไ	ม	พ	เ	เ	ส	ล	อ	เ	◌ิ	ม
◌่	า	พ	ไ	ถ	◌ั	ค	ภ	ค	เ	ม	ห	เ	ว
อ	ศ	ก	จ	◌ี	ท	ล	ว	ม	ม	ฉ	ล	ล	◌ุ
ง	ล	ศ	ท	◌่	ธ	◌ี	ค	ะ	โ	◌ี	◌็	◌็	◌่
ย	ก	ต	ต	ไ	ภ	ย	น	ะ	เ	ล	ก	ก	น
น	อ	ช	ง	ล	า	ร	ร	น	พ	แ	ศ	ต	ว
ต	น	ษ	ค	ด	พ	◌์	ต	ล	น	ฝ	ถ	ร	า
◌์	◌ุ	ต	◌ั	ว	แ	ป	ร	ส	ว	ห	ไ	อ	ย
ณ	ภ	แ	ก	◌๊	ส	ร	ฟ	ห	า	ฉ	บ	น	ณ
ซ	า	ค	ว	า	ม	เ	ร	◌็	ว	ก	ศ	พ	า
ษ	ค	ห	ฝ	ษ	ม	ษ	ส	ศ	ล	ฉ	ล	ว	ย

อะตอม
ความวุ่นวาย
อิเล็กตรอน
สูตร
ความถี่
แก๊ส
แม่เหล็ก
มวล
กลศาสตร์
โมเลกุล
เครื่องยนต์
นิวเคลียร์
อนุภาค
เคมี
สัมพัทธภาพ
สากล
ตัวแปร
ความเร็ว

23 - Belleza

ผ	ส	ล	◌ิ	ป	ส	ต	◌ิ	ก	เ	ด	ก	◌ี	ส
◌ิ	ง	ฝ	ฉ	ก	อ	แ	ซ	ฉ	ค	เ	ม	ข	ไ
ว	◌่	จ	ค	ส	ญ	ไ	ร	ต	ร	ห	บ	ถ	ต
ป	า	ด	ก	จ	ะ	ร	ก	ช	◌ี	แ	ก	จ	ล
น	า	ย	◌ิ	พ	บ	ะ	เ	ด	◌่	ต	ล	ถ	◌ิ
ถ	◌่	า	ย	ร	◌ู	ป	ส	ค	อ	◌่	◌ิ	ฉ	ส
ฟ	ร	◌ิ	ห	ใ	ถ	ไ	น	ว	ง	ง	◌่	บ	ต
ฉ	า	แ	ล	ฝ	ก	ไ	◌่	า	ส	ห	น	ร	◌์
ย	ค	ณ	ช	ก	า	เ	ห	ม	◌ำ	น	ห	◌ิ	ก
ฟ	ส	ถ	ง	ม	จ	ม	◌์	ง	อ	◌้	อ	ก	ร
ส	า	ย	ฟ	ญ	พ	แ	พ	ด	า	า	ม	า	ร
น	ม	◌ั	◌ำ	◌้	น	◌ู	ษ	ง	ง	ธ	ป	ร	ไ
น	น	ล	ภ	อ	ง	ภ	เ	า	บ	ส	ไ	ณ	ก
ก	ข	ต	ต	ค	พ	ญ	ส	ม	ก	ส	ต	ย	ร

น้ำมัน
กลิ่น
แชมพู
สี
เครื่องสำอาง
ความงดงาม
สง่า
เสน่ห์
กระจก
สไตลิสต์
ถ่ายรูป
กลิ่นหอม
เกรซ
แต่งหน้า
ผิว
ลิปสติก
หยิก
มาสคาร่า
บริการ
กรรไกร

24 - Países #1

อ	ฟ	ฉ	อ	ผ	น	ฉ	น	ฉ	ว	ผ	ป	เ	ล
า	◌ิ	ถ	◌ิ	ย	ค	เ	ม	ธ	ก	ว	ป	ธ	◌ิ
ร	ล	◌ี	น	ม	ร	อ	ย	เ	◌ั	ธ	เ	เ	เ
◌์	◌ิ	แ	เ	ส	า	ว	ล	◌ี	า	ต	◌ิ	อ	บ
เ	ป	ค	ด	น	เ	ล	ไ	ม	ร	◌์	ป	ก	◌ี
จ	ป	น	◌ี	บ	อ	ป	◌ี	ย	า	ป	า	ว	ย
น	◌ิ	า	ย	ร	ภ	ร	น	◌ี	ก	ย	น	า	โ
ต	น	ด	ะ	า	แ	โ	◌์	ย	◌ิ	◌ิ	า	ด	ม
◌ิ	ส	า	ท	ซ	อ	ป	ง	เ	น	◌ี	ม	อ	ร
น	◌์	ส	ถ	◌ิ	ท	แ	ท	ล	ว	อ	า	ร	◌็
า	ช	ม	ฟ	ล	ท	ล	ษ	บ	ธ	ย	ง	◌์	อ
ห	ไ	จ	ข	ค	เ	น	ศ	เ	ภ	ช	◌์	พ	ค
ธ	อ	ส	ร	◌ั	◌ู	ด	น	อ	ฮ	จ	ม	ศ	โ
ถ	จ	ร	ข	ษ	ช	◌์	ไ	ว	ผ	พ	แ	ป	ค

เยอรมนี
อาร์เจนตินา
เบลเยียม
บราซิล
แคนาดา
เอกวาดอร์
อียิปต์
สเปน
ฟิลิปปินส์
ฮอนดูรัส
อินเดีย
อิตาลี
ลิเบีย
มาลี
โมร็อคโค
นิการากัว
นอร์เวย์
ปานามา
โปแลนด์

25 - Mitología

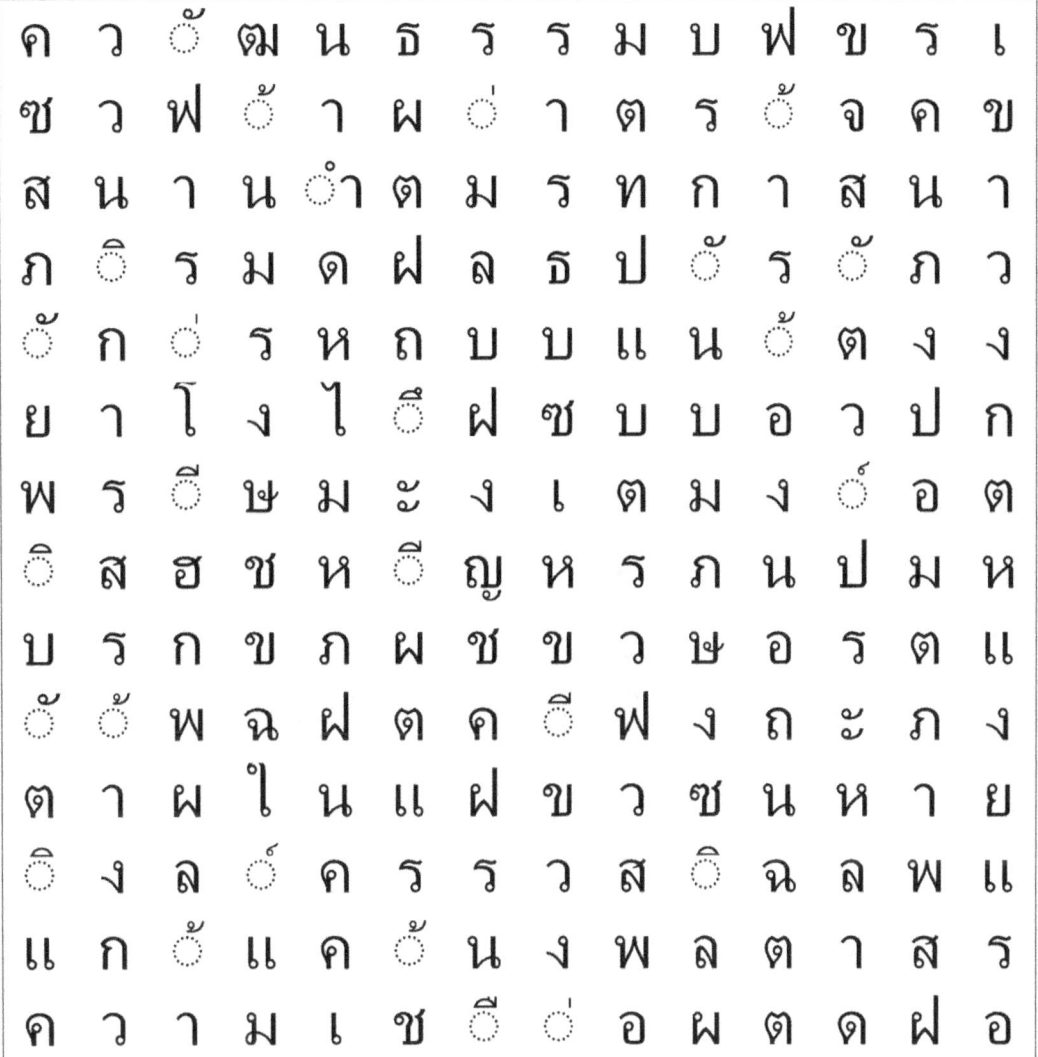

ค	ว	◌ั	ฒ	น	ธ	ร	ร	ม	บ	ฟ	ข	ร	เ
ซ	ว	ฟ	◌้	า	ผ	◌่	า	ต	ร	◌้	จ	ค	ข
ส	น	า	น	◌ำ	ต	ม	ร	ท	ก	า	ส	น	า
ภ	◌ิ	ร	ม	ด	ฝ	ล	ธ	ป	◌ั	ร	◌ั	ภ	ว
◌ั	ก	◌่	ร	ห	ถ	บ	บ	แ	น	◌้	ต	ง	ง
ย	า	โ	ง	ไ	◌ื	ฝ	ซ	บ	บ	อ	ว	ป	ก
พ	ร	◌ี	ษ	ม	ะ	ง	เ	ต	ม	ง	◌์	อ	ต
◌ิ	ส	ฮ	ช	ห	◌ี	ญ	ห	ร	ภ	น	ป	ม	ห
บ	ร	ก	ข	ภ	ผ	ช	ข	ว	ษ	อ	ร	ต	แ
◌ั	◌้	พ	ฉ	ฝ	ต	ค	◌ี	ฟ	ง	ถ	ะ	ภ	ง
ต	า	ผ	ไ	น	แ	ฝ	ข	ว	ซ	น	ห	า	ย
◌ิ	ง	ล	◌์	ค	ร	ร	ว	ส	◌ิ	ฉ	ล	พ	แ
แ	ก	◌้	แ	ค	◌้	น	ง	พ	ล	ต	า	ส	ร
ค	ว	า	ม	เ	ช	◌ื	◌่	อ	ผ	ต	ด	ฝ	อ

ต้นแบบ
ความหึงหวง
สวรรค์
การสร้าง
ความเชื่อ
สิ่งมีชีวิต
วัฒนธรรม
ภัยพิบัติ
แรง
นักรบ
ฮีโร่
อมตภาพ
เขาวงกต
ตำนาน
สัตว์ประหลาด
ยแร
ฟ้าผ่า
ฟ้าร้อง
แก้แค้น

26 - Ecología

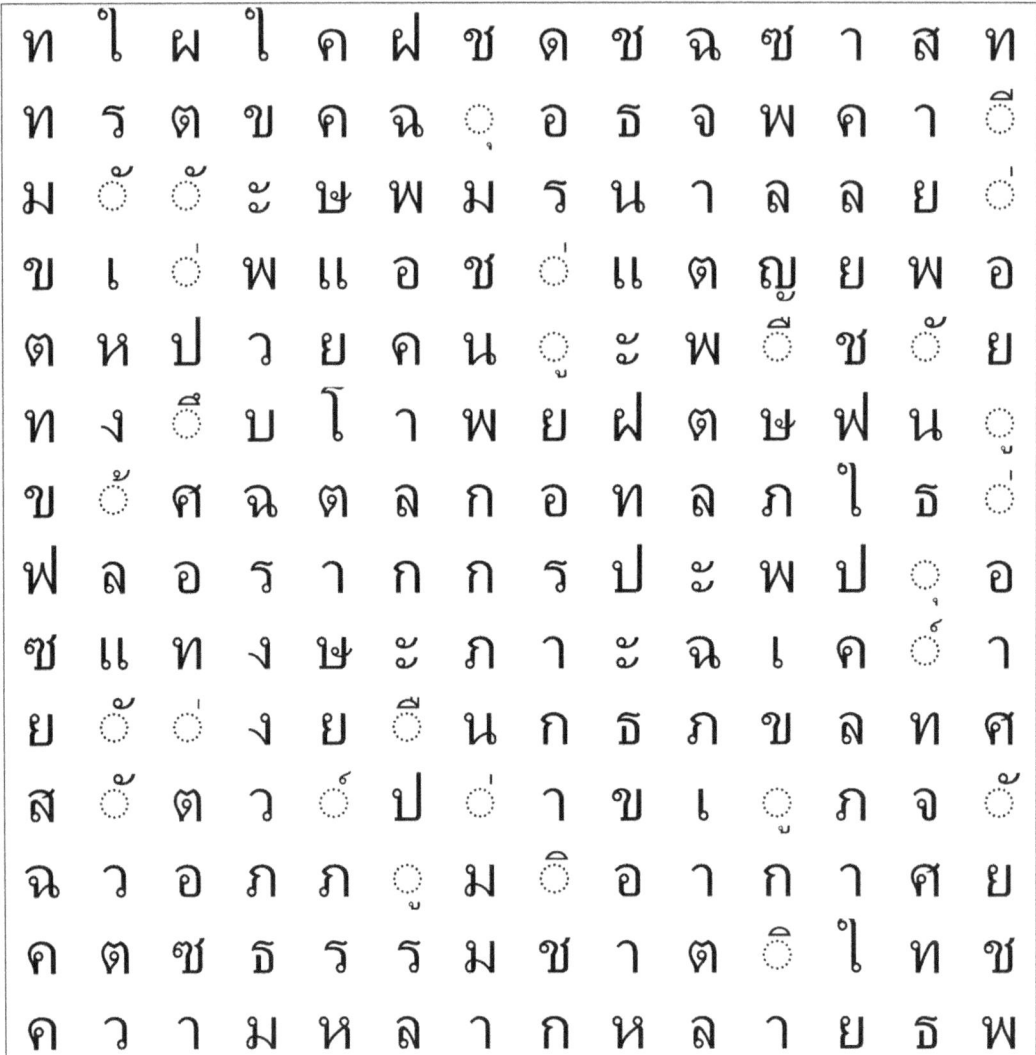

ท	ไ	ผ	ไ	ค	ฝ	ช	ด	ช	ฉ	ซ	า	ส	ท
ท	ร	ต	ข	ค	ฉ	◌ุ	อ	ธ	จ	พ	ค	า	◌ี
ม	◌ั	◌ั	ะ	ษ	พ	ม	ร	น	า	ล	ล	ย	◌่
ข	เ	◌่	พ	แ	อ	ช	◌่	แ	ต	ญ	ย	พ	อ
ต	ห	ป	ว	ย	ค	น	◌ู	ะ	พ	◌ี	ช	◌ั	ย
ท	ง	◌ึ	บ	โ	า	พ	ย	ฝ	ต	ษ	ฟ	น	◌ู
ข	◌้	ศ	ฉ	ต	ล	ก	อ	ท	ล	ภ	ไ	ธ	◌่
ฟ	ล	อ	ร	า	ก	ก	ร	ป	ะ	พ	ป	◌ุ	อ
ซ	แ	ท	ง	ษ	ะ	ภ	า	ะ	ฉ	เ	ค	◌์	า
ย	◌ั	◌่	ง	ย	◌ื	น	ก	ธ	ภ	ข	ล	ท	ศ
ส	◌ั	ต	ว	◌์	ป	◌่	า	ข	เ	◌ู	ภ	จ	◌ั
ฉ	ว	อ	ภ	ภ	◌ู	ม	◌ิ	อ	า	ก	า	ศ	ย
ค	ต	ซ	ธ	ร	ร	ม	ช	า	ต	◌ิ	ไ	ท	ช
ค	ว	า	ม	ห	ล	า	ก	ห	ล	า	ย	ธ	พ

ภูมิอากาศ
ชุมชน
ความหลากหลาย
สายพันธุ์
สัตว์ป่า
ฟลอรา
ทั่วโลก
ที่อยู่อาศัย
ทะเล
ภูเขา
ธรรมชาติ
บึง
ทรัพยากร
แล้ง
ยั่งยืน
การอยู่รอด
พืช

27 - Casa

ฟ	ห	◌ำ	ข	ห	ค	ล	ร	พ	ไ	ก	ห	ง	ด
ช	◌ั	◌้	น	ไ	ต	◌้	ด	◌ิ	น	ร	ล	น	ท
ค	ร	น	◌้	อ	ท	ร	ไ	ห	ว	ะ	◌ั	พ	ษ
ส	เ	บ	◌ื	ช	น	ถ	ฝ	น	ส	จ	ง	ม	ถ
ว	ฝ	า	พ	ญ	ย	ง	ษ	น	ย	ก	ค	ค	ณ
เ	ฝ	อ	ข	ต	ท	ห	อ	ป	ว	ห	า	ะ	ธ
ห	น	◌้	า	ต	◌่	า	ง	◌ั	ร	น	ป	ง	ไ
โ	ไ	ร	ถ	ผ	ษ	อ	บ	ผ	ห	ะ	ศ	ฟ	ม
ค	ม	ร	พ	ธ	น	ม	ร	ไ	ษ	ด	ต	ผ	ช
ม	◌ั	ส	ฝ	ค	พ	◌ั	โ	ร	ง	ร	ถ	◌ู	พ
ไ	ก	อ	◌๊	ก	ค	ฝ	ง	◌ิ	ผ	า	ต	เ	ก
ฟ	ว	◌้	◌ั	ร	า	ฝ	ภ	ข	ฝ	ค	ร	◌ั	ว
ะ	า	ค	ง	ล	◌ั	ห	ต	◌้	ไ	ง	อ	◌้	ห
ศ	ด	ม	◌ุ	ส	ง	อ	◌้	ห	น	ส	ไ	จ	ก

พรม
ห้องใต้หลังคา
ห้องสมุด
เตาผิง
ครัว
ห้องนอน
อาบน้ำ
ไม้กวาด
กระจก
โรงรถ
ก๊อก
สวน
โคมไฟ
ผนัง
พื้น
ประตู
ชั้นใต้ดิน
หลังคา
รั้ว
หน้าต่าง

28 - Salud y Bienestar #2

น	ว	ด	ช	ล	ย	ษ	ฝ	ไ	เ	ส	ค	พ	ก
ก	โ	ภ	ช	น	า	ก	า	ร	ล	ญ	ว	◌ั	า
ก	า	ว	◌ิ	ต	า	ม	◌ิ	น	◌ี	บ	า	น	ร
ภ	า	ร	ฉ	พ	ษ	ผ	ะ	ะ	อ	ง	ม	ธ	ค
◌ู	ด	ร	ย	ก	น	ไ	ค	ภ	ด	ร	ก	◌ุ	า
ม	ว	เ	ต	◌่	◌ี	ร	อ	ล	ค	แ	ร	ศ	ย
◌ิ	ท	ถ	เ	◌ิ	อ	ก	ร	ถ	ร	ง	ะ	า	น
แ	ผ	ไ	ม	ะ	ด	ย	ก	ก	โ	◌็	ห	ส	◌้
พ	ธ	ฝ	ถ	ห	ฉ	เ	ผ	พ	ซ	ข	า	ต	◌ำ
◌้	ฝ	ข	ข	า	ห	อ	ช	ฉ	ธ	แ	ย	ร	ซ
พ	ล	◌ั	ง	ง	า	น	า	◌ี	ม	พ	ซ	◌์	ว
น	◌้	◌ำ	ห	น	◌ั	ก	อ	ห	◌้	ค	ค	ป	ย
ส	◌ุ	ข	อ	น	า	ม	◌ั	ย	า	อ	ไ	ต	อ
จ	จ	ถ	ห	น	ค	◌ี	◌้	◌ู	ก	ร	า	ก	ด

ภูมิแพ้
ความกระหาย
แคลอรี่
การคายน้ำ
อาหาร
การย่อย
พลังงาน
โรค
พันธุศาสตร์
สุขอนามัย
การติดเชื้อ
นวด
โภชนาการ
น้ำหนัก
การกู้คืน
แข็งแรง
เลือด
วิตามิน

29 - Colores

ส	ส	◌ี	ม	◌่	ว	ง	า	ฟ	◌้	◌ี	ส	ค	ส
ช	◌ี	ศ	ค	า	ย	ไ	ห	◌ู	ด	ก	ส	ร	◌ี
อ	ไ	แ	ษ	ข	◌ี	จ	บ	เ	พ	ห	ก	า	ม
ศ	ส	ง	ด	พ	ข	ไ	ง	ช	ส	ม	ฉ	ม	◌่
ส	◌้	ม	ส	ง	เ	ว	ไ	◌ี	ส	◌ี	ช	า	ว
ไ	ส	ญ	ผ	ด	เ	า	ไ	ย	◌ี	ส	ด	ล	ง
ค	ย	ส	แ	แ	ญ	ข	ท	ศ	น	◌ี	ก	◌ำ	แ
ษ	ป	ไ	ไ	ร	อ	ก	◌้	ง	◌้	น	ง	ไ	ด
ส	◌ี	เ	ห	ล	◌ี	อ	ง	ม	◌ำ	◌้	ม	แ	ง
ไ	เ	ไ	ณ	ต	ศ	จ	ณ	ณ	ต	◌ำ	เ	ท	า
ย	◌ี	ธ	ฝ	ส	ะ	น	ณ	ห	า	เ	ต	า	ศ
จ	ซ	ไ	ก	ส	ท	ะ	ฝ	แ	ล	ง	ไ	ท	ล
ร	ธ	ศ	ฟ	ไ	ด	ท	บ	ม	ร	◌ิ	ห	ข	ฟ
ก	ท	ศ	ะ	ะ	ศ	ร	ะ	ญ	ป	น	จ	ไ	ช

สีเหลือง
สีน้ำเงิน
สีฟ้า
เบจ
ขาว
สีแดงเข้ม
ฟูเชีย
เทา
คราม

สีม่วงแดง
สีน้ำตาล
ส้ม
สีดำ
สีม่วง
แดง
ชมพู
ซีเปีย
เขียว

30 - Adjetivos #1

ญ	ค	ผ	ม	ณ	ด	จ	ง	พ	ะ	จ	บ	ภ	ก
ย	ด	ป	◌ี	◌์	ว	ป	ร	ม	ร	ก	ก	อ	ส
ศ	◌ี	ณ	ค	ร	า	◌้	ช	◌ิ	ค	แ	น	อ	ณ
ไ	ม	ฝ	◌่	◌ู	ส	ง	ค	ม	ง	า	◌่	ว	ส
พ	ซ	◌ี	า	บ	ม	ง	เ	ญ	ะ	จ	ช	ฝ	พ
ห	อ	ม	เ	ม	◌่	ย	เ	ธ	ข	ก	◌ั	น	ห
ธ	◌ิ	◌์	ท	ส	◌ุ	ร	◌ิ	บ	◌้	◌ู	ผ	ง	แ
ไ	ป	ฉ	ะ	ง	น	แ	า	ฝ	ณ	ณ	ท	า	น
ก	ห	ห	ก	ถ	ห	◌่	ศ	ไ	ผ	ณ	◌ั	◌้	◌่
ผ	ญ	ญ	ไ	ว	ญ	ห	ห	ญ	ห	ไ	น	ว	น
ป	◌ั	ซ	◌่	ป	จ	ช	ะ	◌์	บ	ค	ส	ก	อ
ย	ค	ล	◌่	อ	ง	แ	ค	ล	◌่	ว	ม	จ	น
แ	◌ำ	ซ	◌ี	◌่	อ	ส	◌ั	ต	ย	◌์	◌ั	ไ	ท
ค	ส	แ	ป	ล	ก	ไ	ห	ม	◌่	พ	ย	ง	ญ

แน่นอน
คล่องแคล่ว
หอม
มีเสน่ห์
สว่าง
แปลกใหม่
ใจกว้าง
ใหญ่
ซื่อสัตย์
สำคัญ

ผู้บริสุทธิ์
หนุ่มสาว
ช้า
ทันสมัย
มืด
สมบูรณ์
หนัก
จริงจัง
มีค่า

31 - Familia

ว	า	ส	น	า	ล	ห	ม	ซ	แ	ช	ห	ษ	ด
ข	◌ั	ศ	า	ช	า	ค	า	บ	ด	ษ	ล	ญ	ว
ง	ษ	ย	า	ย	ห	ร	ร	ห	ถ	ร	า	ร	ต
ซ	ฝ	า	เ	ศ	เ	ร	ด	ช	ภ	◌ุ	น	ผ	ะ
ส	า	ช	ฉ	ด	ร	ร	า	ส	ศ	◌ุ	ช	า	ธ
า	แ	ง	◌ุ	ล	◌็	แ	ซ	ช	ไ	บ	า	ฟ	น
ม	ฝ	อ	า	า	ล	ก	◌็	ด	เ	พ	ย	ถ	น
◌ี	ด	◌้	ง	ฝ	เ	ฟ	ว	ะ	ภ	ร	ร	ย	า
ผ	ธ	น	พ	ป	ผ	ย	า	า	ล	ร	ท	ส	ล
ไ	พ	ค	ว	◌่	◌ู	ป	ส	า	ส	บ	พ	ย	ห
ป	◌้	า	ต	แ	อ	ญ	ก	ษ	ช	ง	ช	ค	บ
ล	◌ู	ก	พ	◌ี	◌่	ล	◌ู	ก	น	◌้	อ	ง	ซ
แ	ห	แ	ไ	ส	ม	พ	ล	น	ว	ห	ม	◌้	ล
ม	น	ด	ด	ย	แ	ด	ษ	า	ง	ด	ฟ	ก	น

ยาย
ปู่
บรรพบุรุษ
ภรรยา
ฝาแฝด
น้องสาว
น้องชาย
ลูกสาว
วัยเด็ก
แม่
สามี
มารดา
หลาน
เด็ก
พ่อ
ลูกพี่ลูกน้อง
หลานสาว
หลานชาย
ป้า
ลุง

32 - Disciplinas Científicas

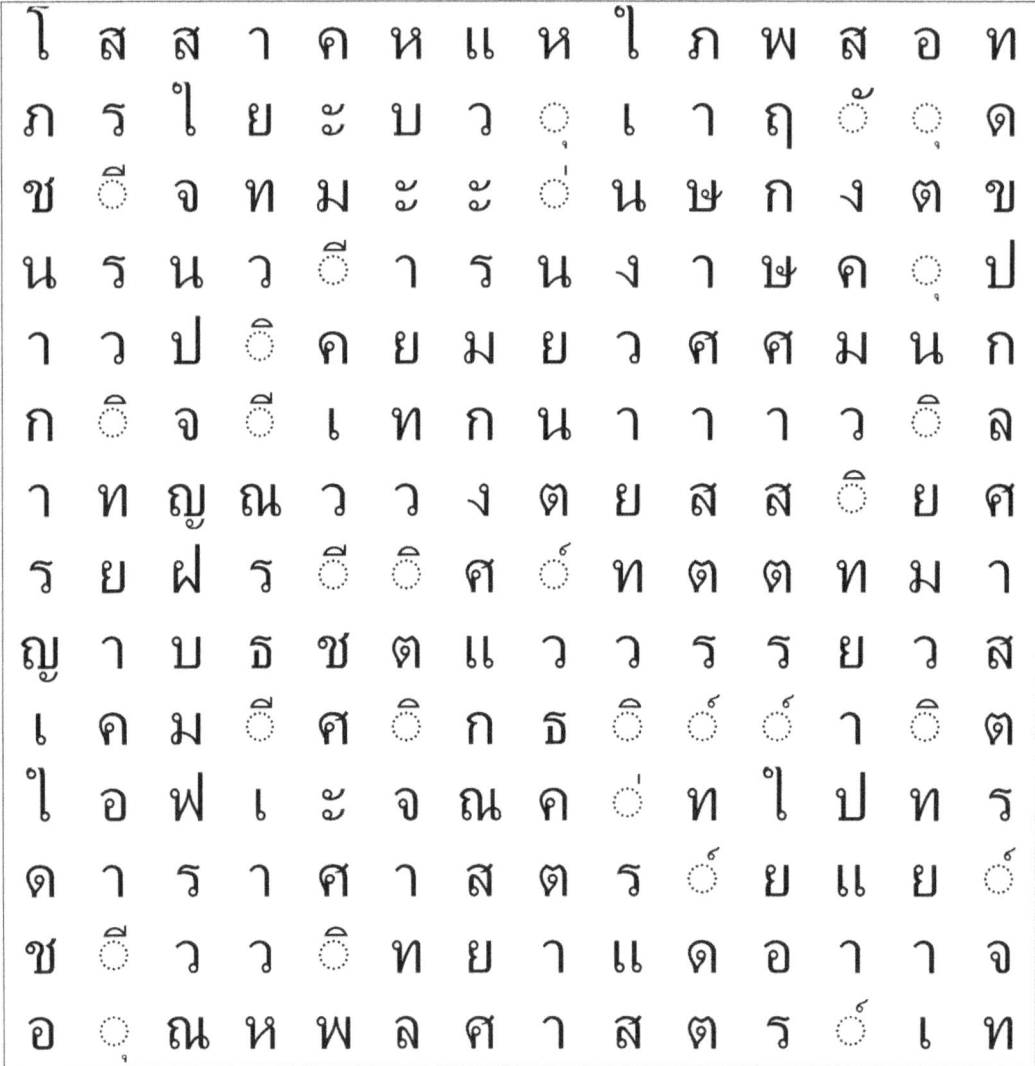

โ	ส	ส	า	ค	ห	แ	ห	ไ	ภ	พ	ส	อ	ท
ภ	ร	ไ	ย	ะ	บ	ว	◌ุ	เ	า	ฤ	◌ั	◌ุ	ด
ช	◌ี	จ	ท	ม	ะ	ะ	◌่	น	ษ	ก	ง	ต	ข
น	ร	น	ว	◌ี	า	ร	น	ง	า	ษ	ค	◌ุ	ป
า	ว	ป	◌ิ	ค	ย	ม	ย	ว	ศ	ศ	ม	น	ก
ก	◌ิ	จ	◌ี	เ	ท	ก	น	า	า	า	ว	◌ิ	ล
า	ท	ญ	ณ	ว	ว	ง	ต	ย	ส	ส	◌ิ	ย	ศ
ร	ย	ฝ	ร	◌ี	◌ิ	ศ	◌์	ท	ต	ต	ท	ม	า
ญ	า	บ	ธ	ช	ต	แ	ว	ว	ร	ร	ย	ว	ส
เ	ค	ม	◌ี	ศ	◌ิ	ก	ธ	◌ิ	◌์	◌์	า	◌ิ	ต
ไ	อ	ฟ	เ	ะ	จ	ณ	ค	◌่	ท	ไ	ป	ท	ร
ด	า	ร	า	ศ	า	ส	ต	ร	◌์	ย	แ	ย	◌์
ช	◌ี	ว	ว	◌ิ	ท	ย	า	แ	ด	อ	า	า	จ
อ	◌ุ	ณ	ห	พ	ล	ศ	า	ส	ต	ร	◌์	เ	ท

ดาราศาสตร์
ชีววิทยา
ชีวเคมี
พฤกษศาสตร์
นิเวศวิทยา
สรีรวิทยา
ธรณีวิทยา
ภาษาศาสตร์
กลศาสตร์
อุตุนิยมวิทยา
แร่วิทยา
โภชนาการ
จิตวิทยา
เคมี
หุ่นยนต์
สังคมวิทยา
อุณหพลศาสตร์

33 - Cocina

ต	ก	◌ิ	น	อ	◌้	ช	ฝ	เ	พ	ข	ศ	ศ	จ
ถ	◌ู	อ	ว	ต	ะ	เ	ก	◌ี	ย	บ	ก	ช	ต
ม	◌ำ	◌้	น	ง	อ	ฟ	อ	แ	ศ	ช	ไ	ร	ฝ
ณ	◌ี	เ	เ	อ	ว	ก	า	ต	◌้	ม	น	◌้	◌ำ
ษ	ม	ด	ญ	ย	ว	◌้	ถ	ห	ก	อ	ผ	ถ	ม
ก	า	ป	ด	ช	◌็	เ	า	◌้	ผ	◌้	ภ	ส	ร
ะ	ช	า	ฝ	น	จ	น	ล	ต	ง	ส	ช	ผ	ข
ท	◌ั	พ	พ	◌ี	ส	◌ู	ต	ร	อ	า	ห	า	ร
ญ	ภ	ร	ป	น	ฉ	ไ	จ	ไ	บ	ด	◌่	แ	า
ผ	◌้	า	ก	◌ั	น	เ	ป	◌ี	◌้	อ	น	ย	ห
ฉ	ป	ก	อ	◌ี	ย	ห	เ	ต	า	อ	บ	ษ	า
เ	ค	ร	◌ี	◌่	อ	ง	เ	ท	ศ	ว	ท	ก	อ
ไ	ษ	ศ	ศ	ล	อ	ไ	ช	ร	ข	ช	ด	ญ	แ
ว	ฟ	ถ	แ	ช	ะ	บ	ช	บ	จ	ษ	บ	ศ	ด

กาต้มน้ำ
กิน
อาหาร
ช้อน
ทัพพี
มีด
ผ้ากันเปื้อน
เครื่องเทศ
ฟองน้ำ
เตาอบ

เหยือก
ตะเกียบ
ย่าง
สูตรอาหาร
ตู้เย็น
ผ้าเช็ดปาก
ถ้วย
ชาม
ส้อม

34 - Electricidad

แ	อ	◌ุ	ป	ก	ร	ณ	◌์	ห	ล	อ	ด	ไ	ฟ
ไ	น	◌์	ศ	◌ั	ท	ร	ท	โ	ษ	ษ	ว	ผ	ธ
ณ	ธ	◌่	◌ี	ร	อ	ต	เ	ต	บ	แ	า	ธ	ศ
ส	ฝ	พ	ไ	โ	ท	ร	ศ	◌ั	พ	ท	◌์	ร	ไ
ถ	ห	ง	ภ	จ	อ	ต	ศ	ท	ถ	ร	ฟ	ไ	ต
ล	ข	บ	ฉ	ฉ	ภ	แ	ว	◌ั	ต	ถ	◌ุ	พ	เ
ต	อ	ล	ศ	ซ	า	ส	ม	ว	อ	ย	บ	ฟ	ล
ก	ผ	ง	ร	ซ	ย	า	ข	◌่	อ	◌ี	ร	ค	เ
ป	ร	◌ิ	ม	า	ณ	ย	ว	จ	เ	ธ	ณ	ไ	ซ
ห	ค	ช	ล	◌้	น	ไ	ญ	ภ	ป	ห	ศ	ไ	อ
ฉ	ท	เ	ว	ฟ	ย	ฟ	ด	ธ	เ	พ	ล	ข	ร
ป	บ	ณ	แ	ฟ	ไ	ม	ค	โ	บ	ก	ฟ	◌็	◌์
ช	◌่	า	ง	ไ	ฟ	ฟ	◌้	า	◌้	พ	ภ	ถ	ก
ล	บ	ล	◌ิ	บ	เ	ค	เ	ย	า	ส	ฝ	ณ	อ

แบตเตอรี่
หลอดไฟ
สายเคเบิล
สายไฟ
ปริมาณ
ช่างไฟฟ้า
ไฟฟ้า
เบ้า
อุปกรณ์
แม่เหล็ก
โคมไฟ
เลเซอร์
เชิงลบ
วัตถุ
แน่ใจ
เครือข่าย
โทรทัศน์
โทรศัพท์

35 - Salud y Bienestar #1

ฝ	ก	แ	ก	ณ	บ	ง	ป	ย	ม	ต	ล	ด	ร
ศ	า	บ	ล	ค	ท	ห	อ	ก	ค	ฟ	ผ	◌ั	น
บ	ร	ค	◌้	ค	ว	า	ม	ส	◌ู	ง	ข	บ	◌ิ
ฟ	ร	ท	า	ค	ล	◌ิ	ห	ส	ง	ด	ก	◌ำ	ส
ฮ	◌ั	◌ี	ม	ว	◌่	ษ	ผ	ศ	ผ	ษ	ะ	บ	◌ั
อ	ก	เ	เ	า	ค	ซ	ท	ฉ	ใ	ห	ภ	ร	ย
ร	ษ	ร	น	ม	แ	ณ	แ	◌่	ว	ง	ด	า	ก
◌์	า	◌ี	◌ี	ห	ง	ป	ต	ไ	า	ผ	ย	ก	ณ
โ	พ	ย	◌้	◌ิ	อ	ฟ	ก	ว	ฟ	ท	ศ	น	ะ
ม	ะ	ห	อ	ว	◌่	ย	ห	ร	ป	ข	า	ถ	ซ
น	ก	น	◌ิ	◌ิ	ล	ค	◌ั	◌ั	ย	ข	ค	ง	ณ
ห	ะ	ท	ไ	ช	ค	ใ	ก	ส	ฟ	แ	ะ	ย	า
เ	ห	ษ	ท	พ	ก	ส	ะ	ท	◌้	อ	น	แ	ถ
ป	ด	ศ	ภ	ผ	◌่	อ	น	ค	ล	า	ย	ส	ย

คล่องแคล่ว
ความสูง
แบคทีเรีย
คลินิก
หมอ
แตกหัก
ความหิว
นิสัย
ฮอร์โมน
กระดูก
ยา
กล้ามเนื้อ
ผิว
ท่าทาง
สะท้อน
ผ่อนคลาย
การบำบัด
การรักษา
ไวรัส

36 - Adjetivos #2

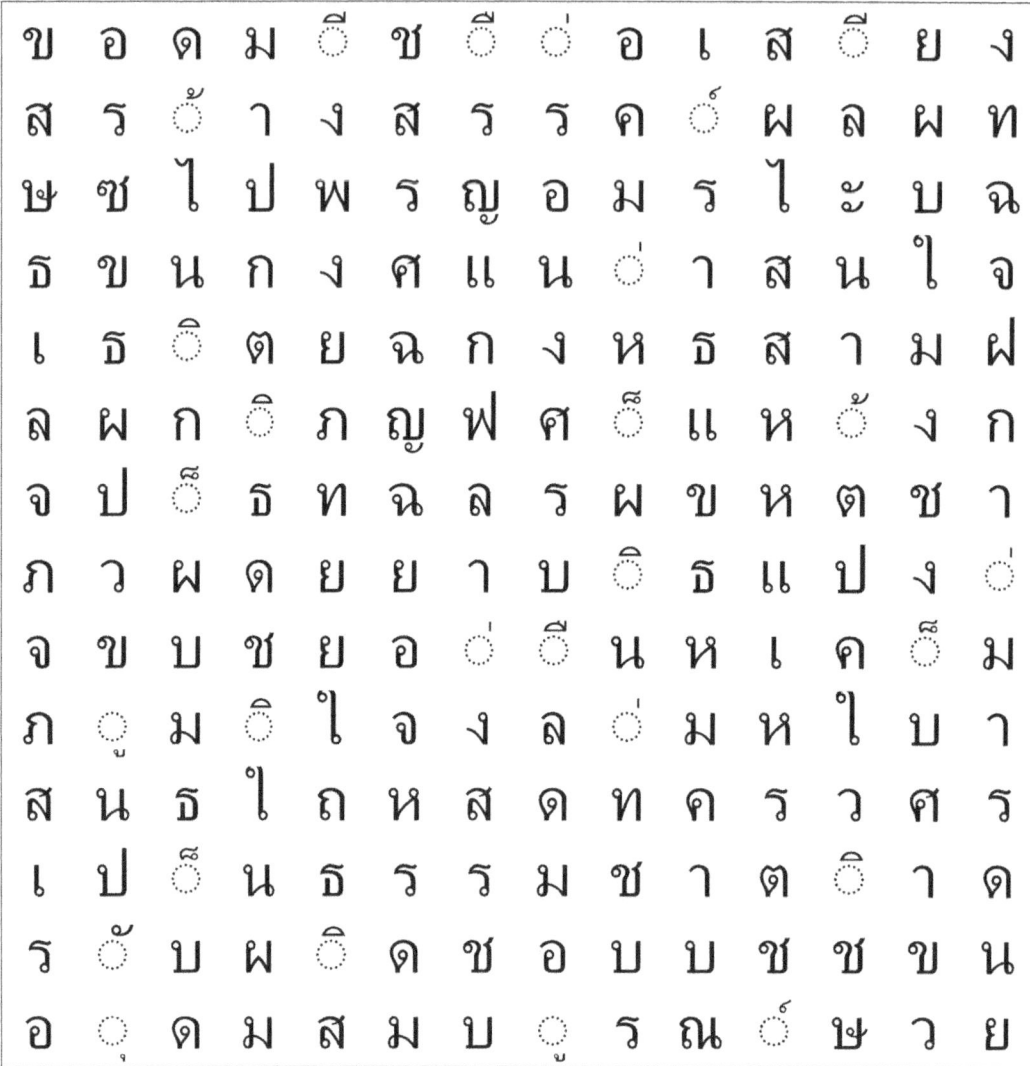

ข	อ	ด	ม	◌ี	ช	◌ื	◌่	อ	เ	ส	◌ี	ย	ง
ส	ร	◌้	า	ง	ส	ร	ร	ค	◌์	ผ	ล	ผ	ท
ษ	ซ	ไ	ป	พ	ร	ญ	อ	ม	ร	ไ	ะ	บ	ฉ
ธ	ข	น	ก	ง	ศ	แ	น	◌่	า	ส	น	ใ	จ
เ	ธ	◌ิ	ต	ย	ฉ	ก	ง	ห	ธ	ส	า	ม	ฝ
ล	ผ	ก	◌ิ	ภ	ญ	ฟ	ศ	◌็	แ	ห	◌้	ง	ก
จ	ป	◌็	ธ	ท	ฉ	ล	ร	ผ	ข	ห	ต	ช	า
ภ	ว	ผ	ด	ย	ย	า	บ	◌ิ	ธ	แ	ป	ง	◌่
จ	ข	บ	ช	ย	อ	◌่	◌ี	น	ห	เ	ค	◌็	ม
ภ	◌ู	ม	◌ิ	ไ	จ	ง	ล	◌่	ม	ห	ใ	บ	า
ส	น	ธ	ใ	ถ	ห	ส	ด	ท	ค	ร	ว	ศ	ร
เ	ป	◌็	น	ธ	ร	ร	ม	ช	า	ต	◌ิ	า	ด
ร	◌ั	บ	ผ	◌ิ	ด	ช	อ	บ	บ	ช	ช	ข	น
อ	◌ุ	ด	ม	ส	ม	บ	◌ู	ร	ณ	◌์	ษ	ว	ย

เหนื่อย
กินได้
สร้างสรรค์
ธิบาย
ดราม่า
หวาน
สง่า
มีชื่อเสียง
สด
น่าสนใจ

เป็นธรรมชาติ
ปกติ
ใหม่
ภูมิใจ
เผ็ด
อุดมสมบูรณ์
รับผิดชอบ
เค็ม
แข็งแรง
แห้ง

37 - Cuerpo Humano

ไ	น	◌ิ	◌้	ว	ค	อ	ก	ล	ซ	ป	ร	อ	ค
ฟ	ห	ด	ด	◌ิ	ย	◌ี	แ	ซ	◌ิ	ษ	ร	ผ	ร
ท	ง	ล	พ	ผ	ป	ม	ษ	ป	ด	◌้	ฝ	เ	ช
ณ	ช	ไ	◌่	า	ณ	ว	ข	ธ	ฉ	ป	น	ฟ	แ
จ	จ	ห	ป	น	ศ	อ	ม	ข	◌้	อ	ศ	อ	ก
า	ย	ณ	ส	แ	ธ	ห	เ	ล	◌ื	อ	ด	ธ	◌ู
ข	◌้	อ	เ	ท	◌้	า	น	น	ฉ	ช	ถ	ไ	ม
ช	ข	เ	ธ	ค	ต	ด	ย	◌้	ก	ผ	ข	ะ	จ
ง	ไ	า	อ	ค	ย	เ	ย	ฉ	า	น	า	ห	ค
ส	ม	อ	ง	ถ	ฝ	ฉ	ร	ค	ป	ณ	◌่	ต	ว
ซ	แ	จ	ย	ห	น	ห	◌ั	ว	ไ	จ	ข	า	ข
ช	ธ	จ	ไ	ผ	บ	ศ	ส	◌ั	ต	ศ	เ	เ	ะ
ห	◌ู	ช	ศ	ม	า	ห	า	ห	ฉ	ด	ห	ญ	ม
ร	า	บ	แ	ส	ด	ค	า	ง	ค	ณ	น	จ	ภ

คาง
ปาก
หัว
หน้า
สมอง
ข้อศอก
หัวใจ
คอ
นิ้ว
ไหล่
ลิ้น
มือ
จมูก
ตา
หู
ผิว
ขา
เข่า
เลือด
ข้อเท้า

38 - Ciencia

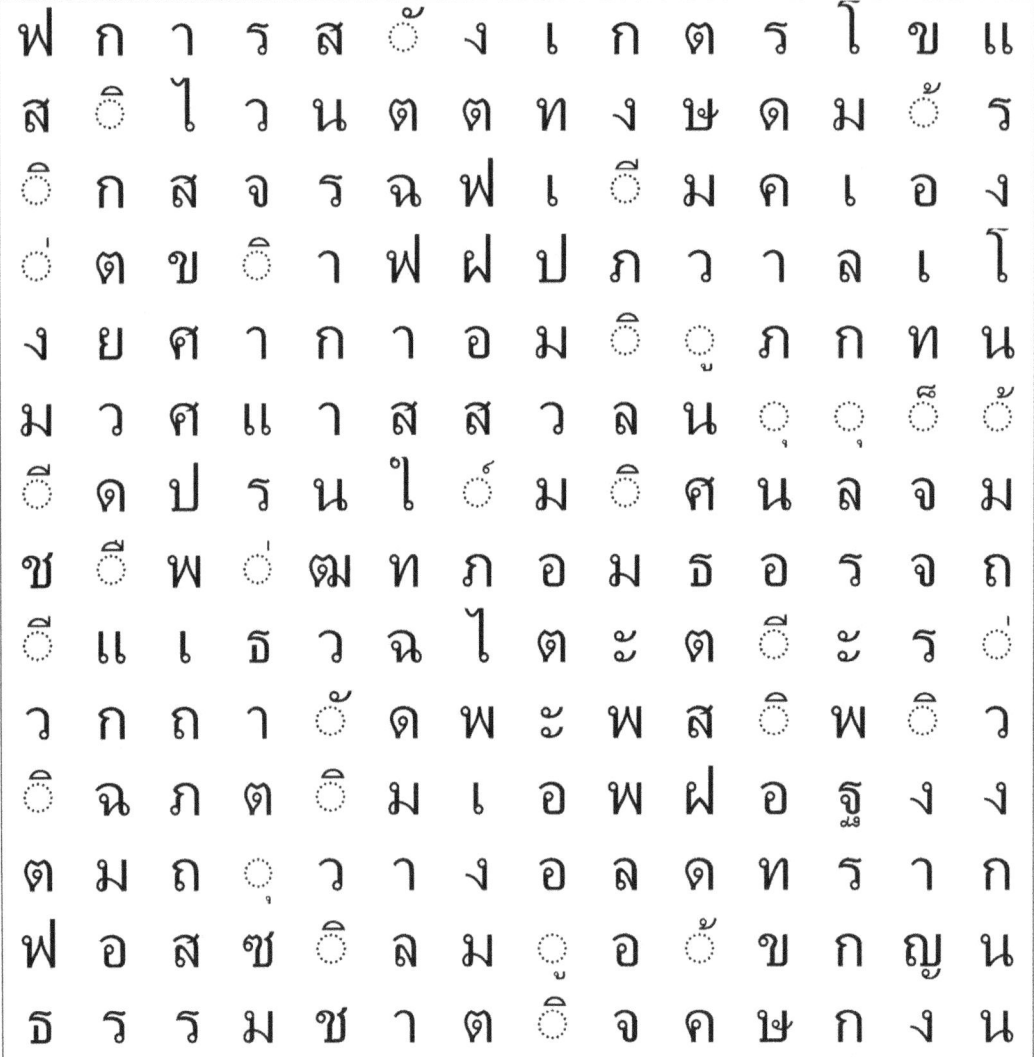

ฟ	ก	า	ร	ส	◌ั	ง	เ	ก	ต	ร	โ	ข	แ
ส	◌ิ	ไ	ว	น	ต	ต	ท	ง	ษ	ด	ม	◌้	ร
◌ิ	ก	ส	จ	ร	ฉ	ฟ	เ	◌ี	ม	ค	เ	อ	ง
◌่	ต	ข	◌ิ	า	ฟ	ฝ	ป	ภ	ว	า	ล	เ	โ
ง	ย	ศ	า	ก	า	อ	ม	◌ิ	◌ู	ภ	ก	ท	น
ม	ว	ศ	แ	า	ส	ส	ว	ล	น	◌ุ	◌ุ	◌็	◌้
◌ี	ด	ป	ร	น	ไ	◌์	ม	◌ิ	ศ	น	ล	จ	ม
ช	◌ื	พ	◌่	ฒ	ท	ภ	อ	ม	ธ	อ	ร	จ	ถ
◌ี	แ	เ	ธ	ว	ฉ	ไ	ต	ะ	ต	◌ี	ะ	ร	◌่
ว	ก	ถ	า	◌ั	ด	พ	ะ	พ	ส	◌ิ	พ	◌ิ	ว
◌ิ	ฉ	ภ	ต	◌ิ	ม	เ	อ	พ	ฝ	อ	ฐ	ง	ง
ต	ม	ถ	◌ุ	ว	า	ง	อ	ล	ด	ท	ร	า	ก
ฟ	อ	ส	ซ	◌ิ	ล	ม	◌ู	อ	◌ั	ข	ก	ญ	น
ธ	ร	ร	ม	ช	า	ต	◌ิ	จ	ค	ษ	ก	ง	น

อะตอม
ภูมิอากาศ
ข้อมูล
วิวัฒนาการ
การทดลอง
ฟิสิกส์
ฟอสซิล
แรงโน้มถ่วง
ข้อเท็จจริง
สมมติฐาน
วิธี
แร่ธาตุ
โมเลกุล
ธรรมชาติ
การสังเกต
สิ่งมีชีวิต
อนุภาค
พืช
เคมี

39 - Restaurante #2

ผ	ค	า	ไ	อ	น	ด	จ	ช	เ	เ	ซ	เ	อ
ว	ล	ธ	า	อ	ฝ	◌้	บ	ภ	ค	ค	◌ุ	ก	า
น	ก	ไ	ข	น	ภ	ไ	◌ำ	ป	ร	ร	ป	ล	ห
ไ	◌้	ส	ม	อ	◌้	ส	ต	ล	◌ื	◌ื	ง	◌ื	า
ข	ษ	◌ำ	ไ	◌้	บ	ศ	ข	า	◌่	◌่	ห	อ	ร
◌่	ม	ล	แ	ช	ก	ห	ว	ง	อ	อ	อ	ไ	ก
ภ	ง	แ	ธ	ข	บ	แ	ญ	ไ	ง	ง	า	ว	ล
ล	แ	ญ	ษ	ธ	◌็	ข	ศ	า	เ	ด	ห	อ	า
ล	ต	ศ	ศ	ต	ฟ	ง	ณ	ค	ท	◌ื	า	ร	ง
ษ	ค	อ	◌ี	◌้	า	◌้	ก	เ	ศ	◌่	ร	ห	ว
ฝ	ไ	ร	ก	◌ิ	ร	บ	◌้	ค	ป	ม	เ	ธ	◌ั
ฟ	ศ	◌่	ภ	ค	อ	ข	ค	พ	ซ	ส	ย	ภ	น
ว	ะ	อ	ส	ล	◌ั	ด	เ	ผ	◌ั	ก	◌็	ธ	ถ
ห	ว	ย	ต	◌ี	◌๋	เ	ย	ว	◌๋	ก	น	ษ	ย

น้ำ
อาหารกลางวัน
เครื่องดื่ม
บริกร
อาหารเย็น
ช้อน
อร่อย
สลัด
เครื่องเทศ
ก๋วยเตี๋ยว
ผลไม้
น้ำแข็ง
ไข่
เค้ก
ปลา
เกลือ
เก้าอี้
ซุป
ส้อม
ผัก

40 - Profesiones #1

ย	ส	อ	ร	◌ี	ต	น	ด	ก	◌ั	น	ม	น	ศ
ฉ	ม	◌ั	ม	โ	ค	◌ั	น	เ	ค	ส	ฟ	◌ั	เ
ช	พ	ญ	ซ	ค	ท	ก	◌ั	อ	ญ	จ	บ	ก	น
ถ	แ	ม	ด	◌้	ม	เ	ก	ก	ล	ล	ศ	จ	◌ั
า	า	ณ	ฝ	ช	ต	ป	เ	อ	ญ	ข	ค	◌ิ	ก
ฬ	ป	◌ี	ศ	พ	ค	◌ี	ต	◌ั	ส	ย	ย	ต	ธ
ก	ะ	ล	า	ส	◌ี	ย	◌้	ค	ห	ม	อ	ว	ร
◌ี	ร	ร	า	พ	ถ	โ	น	ร	ฝ	า	ว	◌ิ	ณ
ก	ป	ห	ศ	บ	น	น	ซ	ร	ผ	ว	ช	ท	◌ี
◌ั	ง	ค	อ	ก	า	ภ	ณ	า	ไ	ค	ค	ย	ว
น	า	ณ	ล	ผ	จ	ย	ส	ช	ะ	ย	พ	า	◌ิ
เ	◌่	ภ	ฝ	ต	ถ	ด	พ	ท	ง	า	พ	ช	ท
ช	ช	ล	ป	า	ย	ผ	ผ	◌ู	ม	น	แ	ผ	ย
ฮ	◌ั	น	เ	ต	อ	ร	◌์	ต	ส	ท	น	ถ	า

ทนายความ
นักกีฬา
นักเต้น
ฮันเตอร์
หมอ
เอกอัครราชทูต
พยาบาล
โค้ช
ช่างประปา
นักธรณีวิทยา
อัญมณี
กะลาสี
นักดนตรี
นักเปียโน
นักจิตวิทยา

41 - Vehículos

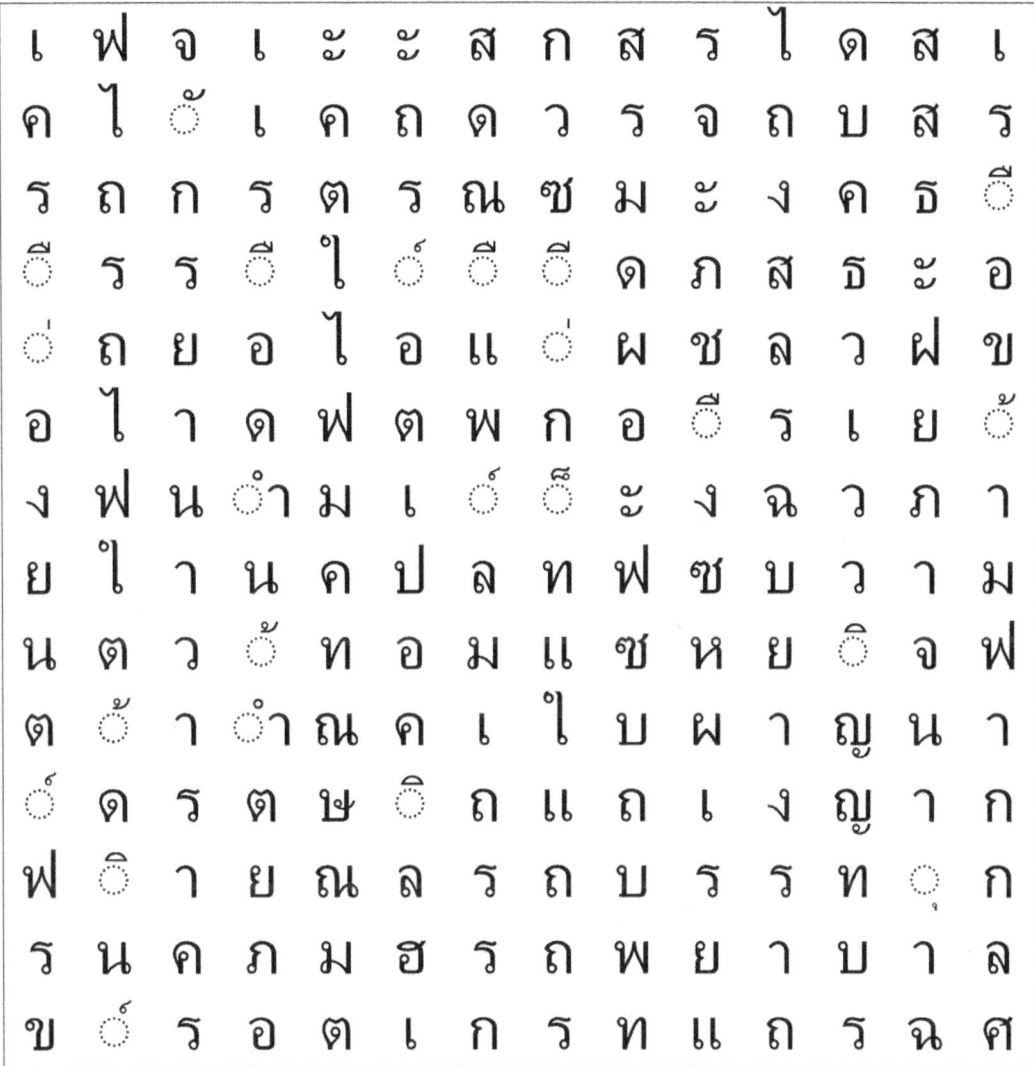

เ	ฟ	จ	เ	ะ	ะ	ส	ก	ส	ร	ไ	ด	ส	เ
ค	ไ	◌ั	เ	ค	ถ	ด	ว	ร	จ	ถ	บ	ส	ร
ร	ถ	ก	ร	ต	ร	ณ	ซ	ม	ะ	ง	ค	ธ	◌ี
◌ี	ร	ร	◌ี	ไ	◌์	◌ี	◌ี	ด	ภ	ส	ธ	ะ	อ
◌่	ถ	ย	อ	ไ	อ	แ	◌่	ผ	ช	ล	ว	ฝ	ข
อ	ไ	า	ด	ฟ	ต	พ	ก	อ	◌ี	ร	เ	ย	◌้
ง	ฟ	น	◌ำ	ม	เ	◌์	◌็	ะ	ง	ฉ	ว	ภ	า
ย	ไ	า	น	ค	ป	ล	ท	ฟ	ซ	บ	ว	า	ม
น	ต	ว	◌้	ท	อ	ม	แ	ซ	ห	ย	◌ิ	จ	ฟ
ต	◌้	า	◌ำ	ณ	ค	เ	ไ	บ	ผ	า	ญ	น	า
◌์	ด	ร	ต	ษ	◌ิ	ถ	แ	ถ	เ	ง	ญ	า	ก
ฟ	◌ิ	า	ย	ณ	ล	ร	ถ	บ	ร	ร	ท	◌ุ	ก
ร	น	ค	ภ	ม	ฮ	ร	ถ	พ	ย	า	บ	า	ล
ข	◌์	ร	อ	ต	เ	ก	ร	ท	แ	ถ	ร	ฉ	ศ

รถพยาบาล
รถเมล์
เครื่องบิน
แพ
เรือ
จักรยาน
รถบรรทุก
คาราวาน
รถ
จรวด
เรือข้ามฟาก
เฮลิคอปเตอร์
กระสวย
รถไฟใต้ดิน
เครื่องยนต์
ยาง
เรือดำน้ำ
แท็กซี่
รถแทรกเตอร์
รถไฟ

42 - Geometría

ห	ค	ก	า	ร	ค	ำ	น	ว	ณ	ล	จ	ค	ค
ะ	ว	ล	พ	ไ	ค	ค	ฉ	ท	ธ	ม	เ	ว	ป
ด	า	ฉ	ี	ม	ย	่	ี	ล	ห	เ	ม	า	ส
ส	ม	ส	้	ั	ุ	ม	ง	ต	ภ	ก	บ	ม	น
ม	น	่	น	ธ	ธ	ม	ค	ข	ร	ง	ะ	ส	ช
ม	่	ว	ผ	ย	ล	ร	้	ล	น	ร	น	ู	ส
า	า	น	ิ	ฐ	ง	ก	โ	เ	ง	บ	ก	ง	ั
ต	จ	ม	ว	า	ม	แ	น	ว	น	อ	น	ะ	ด
ร	ะ	ว	ิ	น	จ	เ	้	ั	า	ม	บ	ม	ส
ภ	เ	ย	ต	ต	ม	อ	ส	ต	น	ณ	ค	ฉ	่
บ	ป	ท	ไ	ม	ิ	ย	เ	ไ	ข	ด	ศ	ไ	ว
ล	็	ณ	ท	ฤ	ษ	ฎ	ี	ก	ส	ไ	ช	ด	น
ท	น	ม	ว	ล	ฟ	ล	ส	ม	ก	า	ร	แ	พ
แ	น	ว	ต	ั	้	ง	ภ	ด	ธ	ฉ	ณ	ม	ด

ความสูง
มุม
การคำนวณ
เส้นโค้ง
มิติ
สมการ
แนวนอน
ตรรกะ
มวล
มัธยฐาน
ตัวเลข
ขนาน
ความน่าจะเป็น
สัดส่วน
ส่วน
สมมาตร
พื้นผิว
ทฤษฎี
สามเหลี่ยม
แนวตั้ง

43 - Vacaciones #2

ม	ร	แ	ง	ร	โ	เ	ต	็	น	ท	์	ภ	แ
แ	ษ	ผ	ก	า	ร	ข	น	ส	่	ง	ฉ	า	ท
ซ	ก	น	ง	ญ	ไ	ย	เ	า	ะ	ร	ช	พ	็
ง	า	ท	น	ิ	ด	เ	ร	า	ก	ร	จ	ถ	ก
ร	ง	ี	ล	แ	ม	ว	ี	ซ	่	า	ไ	่	ซ
ว	อ	่	ย	ง	า	่	ว	า	ล	ว	เ	า	ี
ช	ั	ถ	ซ	ษ	ฉ	ล	พ	จ	พ	ง	ก	ย	่
า	ย	น	ิ	บ	ม	า	น	ส	อ	ย	า	ฝ	ท
ย	ธ	ล	ห	ห	ธ	ต	ฝ	ง	ท	ง	ะ	พ	า
ห	อ	พ	ณ	ย	ผ	ถ	ป	ม	แ	ะ	ธ	เ	ซ
า	ต	น	ด	ะ	ุ	ต	ก	ง	า	ข	เ	ู	ภ
ด	ห	ไ	ร	ง	ส	ด	ข	ภ	ร	ด	เ	ล	ศ
ป	ล	า	ย	ท	า	ง	ผ	ะ	ร	ถ	ไ	ฟ	ด
ผ	ฝ	ร	้	า	น	อ	า	ห	า	ร	เ	ย	ช

สนามบิน
เต็นท์
ปลายทาง
ภาพถ่าย
โรงแรม
เกาะ
แผนที่
ทะเล
ภูเขา
เวลาว่าง
ชายหาด
จอง
ร้านอาหาร
แท็กซี่
การขนส่ง
รถไฟ
วันหยุด
การเดินทาง
วีซ่า

44 - Matemáticas

เ	น	ต	ธ	ช	ข	ท	ค	ป	ร	ว	ม	อ	เ
ะ	ศ	ม	จ	ห	น	ง	ท	แ	ถ	ฟ	ภ	ณ	ส
ณ	ท	ษ	ไ	ส	า	ป	ม	ห	ศ	ก	า	ย	◌้
ผ	ฝ	ผ	ส	ว	น	ภ	ช	ฟ	ไ	น	เ	ฝ	น
ะ	น	ม	ย	◌่	◌ี	ล	ห	เ	ม	า	ส	ต	ร
ง	ห	ศ	ป	ง	ว	ไ	เ	บ	น	ล	ฟ	◌ั	อ
ง	ข	บ	ณ	ฟ	ษ	น	ร	า	ก	ม	ส	ว	บ
เ	ข	ว	บ	อ	ข	ก	ข	ษ	ค	ม	ง	แ	ว
ท	ล	ล	บ	ง	า	า	า	ผ	ม	ฟ	น	ท	ง
ศ	เ	ข	ษ	ศ	ณ	ฉ	ค	อ	ผ	◌ุ	ย	น	ด
น	ย	า	ค	า	า	ง	ณ	เ	ด	ะ	ม	เ	ส
◌ิ	า	ไ	ฝ	ณ	อ	◌ั	◌ิ	ว	ว	แ	ผ	น	ก
ย	ม	ธ	ฉ	ญ	◌ิ	◌ั	ต	ร	◌ั	ศ	ม	◌ี	ก
ม	ห	แ	ฟ	ส	ร	ต	า	ม	ม	ส	ป	ผ	แ

เลขคณิต
มุม
เส้นรอบวง
ทศนิยม
แผนก
สมการ
ตัวแทน
เศษส่วน
เรขาคณิต
องศา
หมายเลข
ขนาน
ขอบ
ตั้งฉาก
รัศมี
สมมาตร
รวม
สามเหลี่ยม

45 - Restaurante #1

แ	ไ	ร	ก	บ	ญ	ญ	ง	ท	จ	ฟ	ด	ม	ม
ฝ	า	ล	า	ร	ถ	ม	แ	แ	า	ห	ค	ด	พ
จ	จ	ส	แ	ห	ง	ษ	ไ	ก	น	ะ	ฟ	ห	อ
ธ	ค	ป	ฟ	ก	า	ป	ด	ช	◌็	เ	า	◌้	ผ
บ	ต	ด	ล	◌ิ	น	อ	ท	บ	ช	เ	ฉ	บ	ม
ง	◌ั	ป	ม	น	ข	ะ	อ	ส	เ	น	ล	ญ	บ
ซ	แ	ค	ช	เ	ช	◌ี	ย	ร	◌์	◌ี	ท	เ	ผ
อ	ฉ	ต	ธ	ด	ณ	ภ	ด	ฝ	า	◌้	ล	ญ	ศ
ส	ญ	ข	ศ	อ	ด	◌ู	น	ม	เ	อ	ท	ถ	ไ
ไ	ซ	น	ช	า	ม	ม	ส	ผ	น	ว	◌่	ส	ณ
ก	ง	ม	ค	ษ	แ	◌ิ	ธ	ข	ข	ไ	ท	ร	ภ
◌่	ค	ร	◌ั	ว	ไ	แ	ก	า	ร	จ	อ	ง	ญ
ส	ไ	ก	ผ	ผ	อ	พ	ษ	ศ	ไ	ข	ฟ	ผ	ไ
เ	ผ	◌็	ด	◌ี	ม	◌้	ณ	ค	ไ	ณ	ฝ	ฉ	เ

ภูมิแพ้
กาแฟ
แคชเชียร์
เนื้อ
ครัว
กิน
อาหาร
มีด
ส่วนผสม
เมนู
ขนมปัง
เผ็ด
จาน
ไก่
ขนม
การจอง
ซอส
ผ้าเช็ดปาก
ชาม

46 - Profesiones #2

ว	แ	ส	า	ฟ	ย	จ	◌ั	ว	◌ิ	ก	◌ั	น	ต
ศ	า	ก	ว	อ	น	บ	◌ิ	ก	◌ั	น	อ	◌ั	ไ
ง	ญ	ข	ศ	◌ั	ล	ย	แ	พ	ท	ย	◌์	ก	ษ
บ	ช	ล	◌่	ภ	แ	พ	ท	ย	◌์	ข	ไ	ป	ร
ว	ร	น	◌ั	ก	บ	◌ิ	น	ษ	ญ	ไ	ศ	ร	ข
◌ิ	◌ั	ร	ณ	ถ	◌ั	น	◌ั	ก	ส	◌ี	บ	ะ	ท
ศ	ป	ค	ณ	ภ	ษ	น	ภ	ะ	ไ	ท	ะ	ด	◌ั
ว	ก	น	พ	า	ภ	ง	า	◌่	ช	ง	ล	◌ิ	น
ก	◌ั	ส	ภ	น	ร	ท	จ	ฟ	ค	จ	ภ	ษ	ต
ร	น	ว	ไ	ว	ซ	◌ั	น	ห	ค	ร	บ	ฐ	แ
บ	ณ	น	บ	า	ซ	พ	ก	ค	ศ	ไ	◌ู	◌์	พ
บ	จ	ซ	เ	ช	ภ	ส	บ	ษ	พ	ก	ถ	ฉ	ท
จ	◌ิ	ต	ร	ก	ร	ม	ก	ล	◌์	บ	ป	ส	ย
น	◌ั	ก	ช	◌ี	ว	ว	◌ิ	ท	ย	า	บ	ก	◌์

ชาวนา
นักบินอวกาศ
บรรณารักษ์
นักชีววิทยา
ศัลยแพทย์
ทันตแพทย์
นักสืบ
นักปรัชญา
ช่างภาพ
วิศวกร
นักประดิษฐ์
นักวิจัย
คนสวน
แพทย์
นักข่าว
นักบิน
จิตรกร
ครู

47 - Naturaleza

น	◌ิ	◌่	ง	ข	◌็	แ	◌ำ	◌้	น	ร	า	ธ	พ
ณ	อ	ใ	บ	ไ	ม	◌้	ม	ด	ง	ผ	ผ	ห	ช
ก	ซ	◌่	ม	ล	ษ	ภ	ษ	ไ	ช	◌ึ	า	◌่	ป
บ	ฟ	ะ	ร	ป	ส	พ	น	ส	ห	◌้	◌้	◌ำ	ส
ฝ	เ	ะ	ก	ก	จ	า	ล	ง	ส	ง	น	น	◌ำ
ษ	ต	ว	ร	บ	ว	ย	ก	บ	ท	ฝ	ห	◌้	ค
ง	ศ	ย	น	ม	ก	จ	ไ	อ	ฆ	ญ	ย	◌่	◌ั
พ	ง	ส	พ	ภ	ก	ค	ว	า	ม	ง	า	ม	ญ
พ	ล	ค	ล	ห	ง	ฟ	ก	เ	เ	ห	ร	แ	ม
ช	ก	ว	◌์	ต	◌ั	ส	น	ไ	ฝ	จ	ท	ะ	า
ธ	ฝ	ง	◌ั	ภ	◌ู	เ	ข	า	บ	ค	ล	ส	ก
ฉ	อ	จ	ก	ต	◌ิ	ก	◌์	ร	า	อ	เ	แ	ษ
ห	ป	ท	◌ี	◌่	ห	ล	บ	ภ	◌ั	ย	ะ	แ	ม
เ	ข	ต	ร	◌้	อ	น	ฉ	ฟ	แ	ต	ท	ไ	ณ

ผึ้ง
หน้าผา
สัตว์
อาร์กติก
ความงาม
ป่า
ทะเลทราย
พลวัต
ร่อน
ใบไม้

ธารน้ำแข็ง
ภูเขา
หมอก
เมฆ
สงบ
ที่หลบภัย
แม่น้ำ
นิ่ง
เขตร้อน
สำคัญมาก

48 - Conduciendo

ค	ห	ป	ค	ไ	ศ	ฉ	า	เ	า	ร	แ	ข	เ
ร	ว	า	◌์	ษ	บ	ข	ฝ	ด	ฉ	จ	ผ	พ	ช
บ	อ	า	ง	ค	ไ	อ	ห	ต	เ	า	น	ก	◌ื
เ	◌ั	ก	ม	ง	น	ด	น	เ	ป	ร	ท	ฝ	◌้
ด	น	◌ุ	โ	ป	ะ	เ	ต	◌ุ	ย	จ	◌ี	แ	อ
ม	ต	ท	◌ุ	จ	ล	บ	ด	อ	ญ	ร	◌่	ก	เ
ผ	ร	ร	อ	ส	ฉ	อ	แ	◌ิ	ซ	า	ษ	◌๊	พ
ส	า	ร	ง	ผ	ผ	ต	ด	ญ	น	ก	ต	ส	ล
ก	ย	บ	ต	◌ำ	ร	ว	จ	ภ	ญ	เ	ภ	พ	◌ิ
ม	ไ	ถ	ร	ง	ร	โ	ล	แ	◌ั	ถ	ท	แ	ง
ก	า	ร	ข	น	ส	◌่	ง	น	ณ	ย	เ	◌้	ไ
ร	ถ	จ	◌ั	ก	ร	ย	า	น	ย	น	ต	◌์	า
ถ	ร	เ	ค	ร	◌ื	◌่	อ	ง	ย	น	ต	◌์	ท
อ	◌ุ	บ	◌ั	ต	◌ิ	เ	ห	ต	◌ุ	ถ	ช	ญ	ง

อุบัติเหตุ
ถนน
รถบรรทุก
รถ
เชื้อเพลิง
เบรค
โรงรถ
แก๊ส
ใบอนุญาต
แผนที่
รถจักรยานยนต์
เครื่องยนต์
คนเดินเท้า
อันตราย
ตำรวจ
ความปลอดภัย
การขนส่ง
การจราจร
อุโมงค์

49 - Ballet

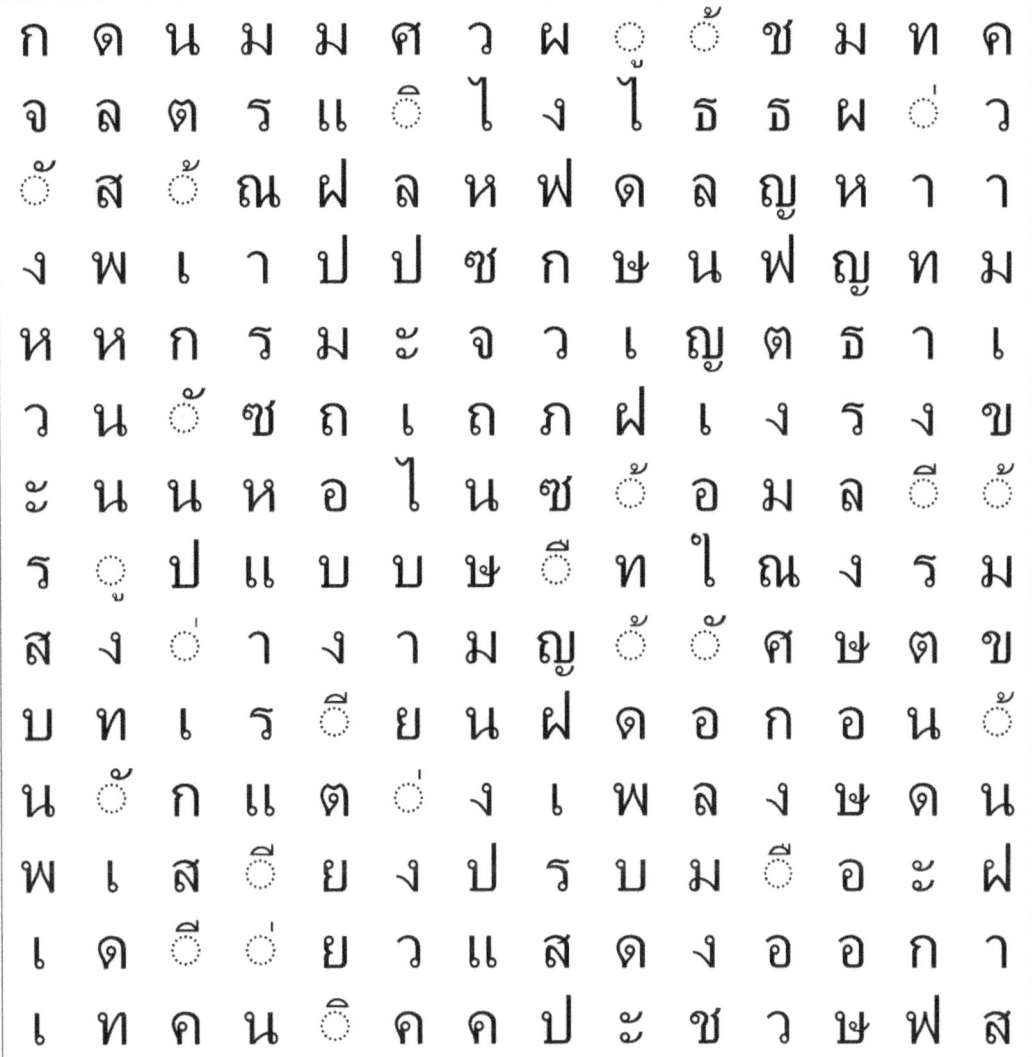

ก	ด	น	ม	ม	ศ	ว	ผ	◌ู	◌้	ช	ม	ท	ค
จ	ล	ต	ร	แ	◌ิ	ไ	ง	ไ้	ธ	ธ	ผ	◌่	ว
◌ั	ส	◌้	ณ	ฝ	ล	ห	ฟ	ด	ล	ญ	ห	า	า
ง	พ	เ	า	ป	ป	ซ	ก	ษ	น	ฟ	ญ	ท	ม
ห	ห	ก	ร	ม	ะ	จ	ว	เ	ญ	ต	ธ	า	เ
ว	น	◌ั	ซ	ถ	เ	ถ	ภ	ฝ	เ	ง	ร	ง	ข
ะ	น	น	ห	อ	ไ	น	ซ	◌้	อ	ม	ล	◌ี	◌้
ร	◌ู	ป	แ	บ	บ	ษ	◌ี	ท	ใ	ณ	ง	ร	ม
ส	ง	◌่	า	ง	า	ม	ญ	◌้	◌ั	ศ	ษ	ต	ข
บ	ท	เ	ร	◌ี	ย	น	ฝ	ด	อ	ก	อ	น	◌้
น	◌ั	ก	แ	ต	◌่	ง	เ	พ	ล	ง	ษ	ด	น
พ	เ	ส	◌ี	ย	ง	ป	ร	บ	ม	◌ื	อ	ะ	ฝ
เ	ด	◌ี	◌่	ย	ว	แ	ส	ด	ง	อ	อ	ก	า
เ	ท	ค	น	◌ิ	ค	ค	ป	ะ	ช	ว	ษ	ฟ	ส

สง่างาม
เสียงปรบมือ
ศิลปะ
ผู้ชม
นักเต้น
นักแต่งเพลง
ซ้อม
รูปแบบ
แสดงออก
ท่าทาง
ทักษะ
ความเข้มข้น
บทเรียน
กล้ามเนื้อ
ดนตรี
วงดนตรี
จังหวะ
เดี่ยว
เทคนิค

50 - Fuerza y Gravedad

ว	ห	ไ	น	อ	◌่	◌ี	ล	ค	เ	ร	า	ก	เ
ว	ข	ซ	ก	ณ	พ	ล	ฝ	แ	ก	ะ	ว	ค	ว
ะ	ฟ	บ	แ	น	ซ	ค	ข	จ	ล	ย	ง	ว	ล
ณ	ณ	พ	ไ	ส	ไ	ท	า	ซ	ศ	ะ	โ	า	า
ศ	◌ู	น	ย	◌์	ก	ล	า	ง	า	ท	ค	ม	โ
แ	ท	◌้	ต	ก	ล	ผ	ก	ษ	ส	า	จ	ด	ม
ผ	ด	ค	ภ	ส	◌็	ล	เ	ะ	ต	ง	ร	◌ั	เ
แ	อ	ร	ร	◌ิ	ห	ก	ย	ษ	ร	ข	น	น	ม
ง	ษ	า	น	◌ิ	เ	ร	ส	ย	◌์	ไ	◌้	า	น
ค	ภ	ก	จ	ฟ	◌่	ะ	ล	เ	ล	ส	◌ำ	ไ	ต
พ	ล	ว	◌ั	ต	ม	ท	จ	ฝ	ณ	า	ห	ซ	◌ั
ศ	ะ	ว	พ	ย	แ	บ	ภ	ท	ค	ก	น	ถ	ม
ก	า	ร	ข	ย	า	ย	ต	◌ั	ว	ล	◌ั	ว	แ
แ	ร	ง	เ	ส	◌ี	ย	ด	ท	า	น	ก	ฟ	ส

ศูนย์กลาง
การค้นพบ
พลวัต
ระยะทาง
แกน
การขยายตัว
ฟิสิกส์
แรงเสียดทาน
ผลกระทบ
โมเมนตัม
แม่เหล็ก
กลศาสตร์
การเคลื่อนไหว
วงโคจร
น้ำหนัก
ความดัน
เวลา
สากล

51 - Aventura

ก	ญ	ป	ล	า	ย	ท	า	ง	ช	ด	ศ	า	ถ
น	◌ิ	ต	า	ช	ม	ร	ร	ธ	ญ	เ	ศ	ฉ	ภ
ก	◌่	จ	ผ	◌ิ	ด	ป	ก	ต	◌ิ	พ	ง	ไ	ศ
ค	า	า	ก	า	ย	ม	า	ว	ค	◌ื	ช	ห	ญ
ว	ม	ร	แ	ร	ม	ศ	ข	ฝ	ด	◌่	ง	ม	ฉ
า	ภ	ว	ต	ป	ร	พ	ร	ข	ช	อ	อ	◌่	แ
ม	ต	ก	ย	ร	ล	ม	แ	บ	ว	น	◌่	ส	ฉ
ป	ห	ถ	ศ	ส	ะ	ก	อ	◌ั	น	ต	ร	า	ย
ล	า	ล	ต	ท	ฉ	เ	ไ	ก	ะ	ฉ	◌ำ	ก	ฉ
อ	ฉ	า	ฝ	บ	ญ	อ	ต	จ	ง	น	น	อ	อ
ด	ค	ว	า	ม	ง	า	ม	ร	จ	ฝ	บ	โ	ษ
ภ	ะ	ธ	ฉ	จ	จ	อ	ย	ร	◌ี	พ	ฝ	ก	ค
◌ั	ท	◌ั	ศ	น	ศ	◌ึ	ก	ษ	า	ย	ว	ธ	ร
ย	ก	า	ร	เ	ด	◌ิ	น	ท	า	ง	ม	ร	ฝ

กิจกรรม
จอย
เพื่อน
ความงาม
ปลายทาง
ความยาก
ทัศนศึกษา
ผิดปกติ
ธรรมชาติ
นำร่อง
ใหม่
โอกาส
อันตราย
การตระเตรียม
ความปลอดภัย
น่าแปลกใจ
การเดินทาง

52 - Pájaros

ช	ภ	ง	ข	ท	ฉ	ส	ซ	า	บ	ข	ะ	เ	ย
ก	ร	ะ	ส	า	◌่	ว	ห	เ	า	ก	ก	น	ไ
โ	อ	ร	า	ข	ถ	เ	ณ	อ	ร	ฟ	ภ	ส	ก
ง	ภ	จ	ไ	น	น	ห	ซ	◌ิ	◌ิ	ฝ	แ	ซ	◌่
◌ิ	ก	จ	ะ	ณ	◌ิ	ย	ส	น	พ	เ	ป	◌็	ด
ม	น	ไ	ค	ร	ว	◌ี	ง	ท	ก	ฟ	ว	า	ะ
า	แ	ฉ	ณ	ฟ	ก	◌่	ะ	ร	น	แ	า	ส	ญ
ล	ว	น	ง	า	น	ย	ะ	◌ี	ท	ศ	ไ	ะ	ม
ฟ	จ	ฟ	ม	ง	พ	ว	ท	◌ู	แ	ค	น	ร	ษ
อ	ญ	น	ศ	ท	เ	ก	อ	จ	ะ	ร	ก	ก	น
◌ี	ค	ษ	ซ	เ	เ	ง	◌ุ	ท	ะ	ร	ก	ก	น
ก	ไ	ข	◌่	ย	ฝ	ญ	บ	ห	ง	ส	◌์	น	ญ
า	ม	บ	ม	ห	◌่	า	น	น	ก	แ	ก	◌้	ว
ค	ด	บ	ไ	ช	ร	ง	ห	ศ	ฝ	ะ	ย	ป	ช

นกกระจอกเทศ
อินทรี
นกกระสา
หงส์
นกกาเหว่า
อีกา
ฟลามิงโก
ห่าน
กระสา
นางนวล
กระจอก
เหยี่ยว
ไข่
นกแก้ว
นกพิราบ
เป็ด
นกกระทุง
เพนกวิน
ไก่
ทูแคน

53 - Geografía

ท	ร	เ	ไ	ป	ศ	ภ	เ	ะ	ฝ	ล	ย	ก	อ
ิ	ะ	ก	ซ	ฝ	ภ	ง	ม	บ	ว	น	อ	ป	อ
ศ	ด	า	ส	า	ล	ต	อ	แ	ผ	น	ท	ี	่
เ	ั	ะ	ร	ข	เ	ธ	ร	ื	ค	บ	ฉ	ว	ห
ห	บ	ฉ	ต	เ	ะ	ภ	ิ	ก	ม	ล	ถ	ท	ง
น	ค	เ	ท	ู	ท	บ	เ	จ	ย	เ	ก	ต	ถ
ื	ว	ซ	ส	ภ	ศ	ซ	ด	ป	ร	ะ	เ	ท	ศ
อ	า	ต	ี	้	ต	ไ	ี	แ	ม	่	น	้	ำ
ษ	ม	ะ	ต	ก	น	เ	ย	ผ	ก	ไ	ย	แ	ค
ณ	ส	ว	ค	ะ	โ	แ	น	ฝ	ม	ม	ฟ	น	ท
ษ	ู	ั	อ	ด	ล	ล	ว	ซ	ท	ป	ฟ	ถ	ย
ค	ง	น	ว	ฉ	ษ	ห	ก	ง	ฟ	เ	บ	ข	ภ
ป	ห	ต	โ	ล	ก	ล	ะ	ต	ิ	จ	ู	ด	า
ก	ช	ก	ว	ฉ	อ	า	ณ	า	เ	ข	ต	ท	ค

ระดับความสูง
แอตลาส
เมือง
ทวีป
ซีกโลก
เกาะ
ละติจูด
เส้นแวง
แผนที่
ทะเล
เมอริเดียน
ภูเขา
โลก
ทิศเหนือ
ตะวันตก
ประเทศ
ภาค
แม่น้ำ
ใต้
อาณาเขต

54 - Música

ะ	ม	บ	◌ั	◌้	ล	◌ั	อ	ต	ท	◌ำ	น	อ	ง
ฟ	โ	◌ั	จ	ว	ะ	ฟ	โ	ส	ร	ษ	อ	ะ	ย
ฟ	อ	ล	◌ั	ธ	น	แ	แ	อ	ณ	า	ภ	ค	ล
ร	เ	ล	ง	ผ	ซ	ษ	ส	า	◌๊	ด	ส	ล	ไ
◌้	ป	า	ห	ฝ	ภ	ษ	เ	ก	บ	ะ	ล	า	ป
อ	ร	ด	ว	น	า	ส	ผ	ม	ส	ผ	โ	ค	ร
ง	◌่	ร	ะ	◌ั	ล	◌ี	ร	◌ิ	ค	◌ั	ล	อ	ก
เ	า	ร	◌ี	ก	ค	ล	า	ส	ส	◌ิ	ก	ม	◌่
พ	ข	ฝ	ว	ร	อ	ไ	ม	โ	ค	ร	โ	ฟ	น
ล	ะ	น	ก	◌้	ต	น	◌ั	ก	ด	น	ต	ร	◌ี
ง	แ	พ	ท	อ	ล	น	ศ	ธ	ค	ก	ค	ศ	ร
จ	อ	ซ	บ	ง	แ	ท	ด	ภ	ต	บ	จ	ศ	ฝ
ซ	ค	ว	า	ม	ส	า	ม	◌ั	ค	ค	◌ี	ญ	ณ
ธ	ก	า	ร	บ	◌ั	น	ท	◌ึ	ก	ฉ	ย	ม	น

ความสามัคคี
อัลบั้ม
บัลลาด
นักร้อง
ร้องเพลง
คลาสสิก
ผสมผสาน
การบันทึก
โอ๊ะโอ่
ตราสาร
ลีริคัล
ทำนอง
ไมโครโฟน
ดนตรี
นักดนตรี
โอเปร่า
บทกวี
จังหวะ

55 - Actividades

ป	ฉ	ก	ก	◌ิ	ม	า	ร	ซ	เ	ล	ด	น	ล
พ	ค	ญ	◌ิ	า	ผ	ว	ย	ท	◌ั	ก	ษ	ะ	◌่
ณ	ร	ว	ฟ	จ	ร	ด	ล	ด	ก	า	ฉ	ก	า
ย	◌ิ	น	ด	◌ี	ก	ท	ส	ฟ	ก	ย	ป	า	ส
อ	ซ	เ	ม	ป	ต	ร	◌ำ	ถ	ด	า	ร	ร	◌ั
ศ	◌ิ	ล	ป	ะ	ก	ะ	ร	ส	า	ม	◌ิ	เ	ต
ผ	ธ	ไ	ถ	ณ	ป	ง	ะ	ม	ว	ษ	ศ	ย	ว
◌่	เ	ก	ม	ะ	ล	า	ไ	ก	พ	น	น	◌็	◌์
อ	า	ธ	จ	น	า	◌่	อ	ร	า	ก	า	บ	ถ
น	ท	ณ	พ	ด	ธ	ว	ะ	จ	ภ	ธ	ต	ข	◌ั
ค	พ	พ	า	ภ	ย	า	◌่	ถ	ร	า	ก	ภ	ก
ล	ไ	เ	ค	ข	ต	ล	ร	ไ	ห	ฝ	ญ	ข	ษ
า	อ	แ	บ	ร	ญ	ว	ว	ด	บ	ฉ	ต	ล	ม
ย	ด	ถ	เ	ฝ	แ	เ	ย	ล	ส	ง	ณ	ม	ถ

กิจกรรม
ศิลปะ
ล่าสัตว์
เซรามิก
การเย็บ
การถ่ายภาพ
ทักษะ
การทำสวน
เกม
การอ่าน
มายากล
เวลาว่าง
ตกปลา
ภาพวาด
ยินดี
ผ่อนคลาย
ปริศนา
ถัก

56 - Verduras

ม	ข	โ	ก	◌ั	ผ	ก	ข	ต	ย	ห	ถ	ฟ	ะ
อ	ะ	ช	ะ	ณ	ด	า	ก	ก	ผ	◌ั	ว	◌ั	ห
ห	ก	เ	บ	ร	อ	ก	โ	ค	ล	◌ี	ป	ก	แ
ว	ง	◌ิ	ข	า	ห	า	ว	ก	ง	ต	แ	ท	ค
◌ั	ข	ถ	ช	◌ี	ฟ	ท	ไ	ส	ว	ธ	ข	อ	ร
ห	◌ึ	ไ	บ	แ	อ	◌้	ด	า	บ	แ	ข	ง	อ
น	◌้	ท	ณ	ต	◌ี	เ	ซ	พ	ก	ห	ม	ง	ท
ม	น	ม	จ	ข	ข	ช	ท	ซ	ะ	ฝ	ธ	ร	ผ
ณ	ฉ	ช	น	ฝ	เ	ไ	ป	ศ	ป	ส	ล	◌ั	ด
เ	◌่	ว	พ	ด	ะ	ว	◌่	◌ั	ถ	ส	น	◌่	◌็
ฝ	า	ร	บ	ซ	ม	◌ั	ม	ะ	ก	อ	ก	ฝ	ห
ภ	ย	ถ	เ	ไ	ผ	ห	ญ	ฟ	ไ	ษ	ล	น	เ
ศ	ณ	อ	า	ต	◌ิ	โ	ช	◌๊	ค	ธ	ภ	◌ั	ณ
ก	ร	ะ	เ	ท	◌ี	ย	ม	ฟ	ผ	ถ	ะ	ม	า

กระเทียม
อาติโช๊ค
ขึ้นฉ่าย
มะเขือ
บรอกโคลี
ฟักทอง
หัวหอม
สลัด
ผักโขม
ถั่ว
ขิง
หัวผักกาด
มะกอก
มันฝรั่ง
แตงกวา
หัวไชเท้า
เห็ด
มะเขือเทศ
แครอท

57 - Instrumentos Musicales

ฉ	เ	ฉ	ถ	ซ	ใ	ฆ	ท	ป	ผ	เ	เ	บ	ฮ
ถ	ผ	ส	ษ	ถ	ฉ	◌้	ร	◌ี	ฟ	ช	ป	ม	า
โ	อ	โ	บ	ฝ	ไ	อ	อ	◌่	ญ	ล	◌ี	า	ร
พ	ฝ	ห	ล	ญ	แ	ง	ม	บ	ก	โ	ย	ร	◌์
ป	ว	ไ	บ	ก	ซ	อ	โ	า	◌ี	ล	โ	◌ิ	โ
ข	ล	◌ุ	◌่	ย	ก	ล	บ	ส	ต	ก	น	ม	ม
แ	ค	ษ	ล	ข	โ	ก	น	ซ	า	ล	ไ	บ	น
แ	ท	ต	ย	ห	ซ	ต	ะ	◌ู	ร	อ	ว	า	◌ิ
ช	บ	ม	า	ค	โ	◌ี	ร	น	◌์	ง	โ	ค	ก
แ	ศ	น	บ	ต	ฟ	◌้	ญ	ถ	ท	ท	อ	ย	◌้
ค	ไ	อ	โ	◌ู	น	ม	น	ม	ฝ	ข	ล	ฝ	า
บ	ม	ล	ช	จ	ร	ไ	ด	ย	ฟ	ฝ	◌ิ	ห	ฝ
ฮ	า	ร	◌์	ป	ต	◌ี	ธ	ญ	จ	ส	น	า	ษ
ย	ง	ไ	ห	ส	แ	ซ	น	ญ	ต	า	ต	ก	เ

ฮาร์โมนิก้า
ฮาร์ป
แบนโจ
ไม้ตีกลอง
ปี่บาสซูน
ขลุ่ย
ฆ้อง
กีตาร์
มาริมบา
โอโบ
แทมบูรีน
เปียโน
แซกโซโฟน
กลอง
ทรอมโบน
แตร
ไวโอลิน
เชลโล

58 - Mascotas

ณ	ษ	ะ	พ	แ	ข	ไ	บ	า	จ	ต	ป	ว	ข
ญ	น	แ	ง	ม	ค	ไ	แ	ว	◌ั	ว	ข	บ	บ
ห	ศ	ห	ห	ว	ะ	ภ	ไ	ร	◌ำ	◌้	น	ย	บ
ก	อ	า	ห	า	ร	ก	◌ิ	◌้	ง	ก	◌่	า	แ
จ	ร	ไ	ล	ม	ฝ	ษ	ป	พ	◌ู	แ	ศ	◌่	ฮ
า	ข	ง	ม	ห	ล	แ	ป	ษ	จ	ก	า	ต	ม
ท	ณ	ค	เ	ต	ว	ษ	ล	ผ	ย	น	ษ	ะ	ส
◌้	ม	ง	ญ	ล	ว	ธ	า	อ	า	ไ	ฉ	ร	เ
เ	ต	◌่	า	ห	◌็	ห	พ	ง	ส	อ	ท	ก	ต
ง	ท	พ	ข	ธ	า	บ	ล	ก	ว	ส	ถ	ต	อ
◌้	ล	ภ	ง	ค	จ	ง	ล	◌ู	ก	ห	ม	า	ร
◌ุ	ช	อ	ค	ม	ล	ห	ณ	น	พ	ท	ฟ	ะ	◌์
อ	ฟ	ม	ว	ไ	ท	ป	ะ	ห	ฝ	ฟ	า	ย	ท
ส	◌ั	ต	ว	แ	พ	ท	ย	◌์	ค	ษ	เ	น	ข

น้ำ
แพะ
ลูกหมา
หาง
อาหาร
กระต่าย
สายจูง
กรงเล็บ
แมว
แฮมสเตอร์
กิ้งก่า
นกแก้ว
อุ้งเท้า
หมา
ปลา
หนู
เต่า
วัว
สัตวแพทย์

59 - Flores

บ	ธ	ก	แ	ล	เ	ส	า	ว	ร	ส	โ	ย	ธ
แ	ด	น	ด	◌ิ	ไ	ล	อ	อ	น	ร	ค	ษ	ซ
โ	ภ	ต	ย	ศ	ฝ	ศ	จ	ง	า	◌ิ	ล	ะ	ม
บ	บ	ย	ษ	◌์	ร	อ	ด	เ	น	ว	เ	า	ล
ส	ข	ต	ก	ล	◌้	ว	ย	ไ	ม	◌้	ว	ฉ	ไ
พ	ส	ซ	◌ั	อ	ม	◌้	ไ	ก	อ	ด	อ	◌่	ช
ต	◌ุ	ว	ว	◌๋	ล	◌ิ	ล	ล	◌ี	◌่	ร	ท	ย
ช	ว	ด	ก	เ	น	ถ	ย	พ	ธ	ย	◌์	ม	ฟ
ม	ร	ช	ล	ด	ป	◌๊	อ	ป	ป	◌ี	◌้	ศ	ฝ
ผ	◌่	ษ	◌ี	ซ	ก	◌ุ	ห	ล	า	บ	แ	า	ณ
ญ	ไ	ว	บ	◌ี	แ	ม	ก	โ	น	เ	ล	◌ี	ย
ช	บ	า	ง	◌่	ท	◌ิ	ว	ล	◌ิ	ป	ง	ห	ข
ด	อ	ก	ท	า	น	ต	ะ	ว	◌ั	น	ส	ซ	ข
แ	บ	ผ	ด	า	ว	เ	ร	◌ื	อ	ง	อ	ษ	ค

ป๊อปปี้
ดาวเรือง
แดนดิไลออน
พุด
ดอกทานตะวัน
ชบา
มะลิ
ลาเวนเดอร์
ม่วง
ลิลลี่
แมกโนเลีย
เดซี่
กล้วยไม้
เสาวรส
โบตั๋น
กลีบ
ช่อดอกไม้
กุหลาบ
โคลเวอร์
ทิวลิป

60 - Astronomía

น	เ	อ	ค	แ	ห	แ	ฉ	โ	ก	ฟ	ม	ผ	ง
ถ	◌ั	ญ	ภ	ส	ณ	ง	บ	ล	า	ม	ง	ก	ด
ถ	ต	ก	ป	ข	ร	า	ม	ก	แ	ม	ไ	ไ	า
ณ	ผ	ช	บ	ฟ	◌์	ฟ	ย	ฝ	ล	ล	ว	ก	ว
ค	ว	ฟ	ช	◌ิ	ท	◌้	◌ี	ไ	ก	ส	ต	ล	เ
จ	ร	ณ	ส	ง	น	ง	ท	ษ	ซ	ช	ว	◌ุ	ค
ร	ษ	า	ต	ญ	◌ั	อ	เ	ล	◌ี	ท	◌ั	◌่	ร
ว	ข	แ	ส	เ	จ	◌้	ว	น	◌่	า	ษ	ม	า
ด	ญ	พ	ณ	ธ	ง	ท	า	ก	บ	ถ	◌ุ	ด	ะ
ฉ	ซ	ก	ก	ต	ว	า	ด	ไ	า	◌ิ	◌ิ	า	ห
ศ	ไ	ล	ว	า	ด	◌ู	ด	อ	ห	ศ	ว	ว	◌์
แ	ส	ง	อ	า	ท	◌ิ	ต	ย	◌์	ซ	ไ	ล	แ
ธ	ร	◌ั	ง	ส	◌ี	จ	◌ั	ก	ร	ว	า	ล	า
น	◌ั	ก	ด	า	ร	า	ศ	า	ส	ต	ร	◌์	ค

นักบินอวกาศ
นักดาราศาสตร์
ท้องฟ้า
จรวด
กลุ่มดาว
คราส
วิษุวัต
กาแลกซี่
ดวงจันทร์
ดาวตก
เนบิวลา
หอดูดาว
ดาวเคราะห์
รังสี
ดาวเทียม
แสงอาทิตย์
โลก
จักรวาล

61 - Tiempo

อ	ง	เ	เ	ศ	ญ	ม	ก	ฉ	า	ษ	ง	ซ	น
น	ม	อ	ช	ท	ข	ผ	◌่	ฝ	ฝ	ษ	ศ	ส	า
า	โ	ะ	ถ	◌้	◌ี	ไ	อ	ฟ	ท	ง	ไ	ป	ฬ
ค	ว	ป	น	ข	า	◌่	น	อ	◌ื	ด	เ	ร	◌ิ
ต	◌่	ฝ	ฉ	บ	ภ	ไ	ย	◌ั	ณ	ต	ศ	ะ	ก
ส	◌ั	ป	ด	า	ห	◌์	ล	ง	ว	อ	ต	จ	า
ฉ	ช	เ	ม	◌ื	◌่	อ	ว	า	น	น	ว	◌ำ	น
ท	ศ	ว	ร	ร	ษ	ฝ	พ	จ	◌ี	น	ร	ป	เ
ป	ฏ	◌ิ	ท	◌ิ	น	ว	ช	ร	ค	◌ี	ร	◌ี	ป
ว	◌ั	น	น	◌ี	◌้	พ	ต	ไ	ง	◌้	ษ	ท	ย
บ	ส	จ	ข	ง	ฟ	ผ	ร	ป	า	อ	เ	า	จ
ณ	ย	ษ	ณ	ต	น	ว	บ	ด	ล	ะ	ณ	น	ต
ท	ร	ช	ะ	บ	ล	จ	ธ	ศ	ก	ข	ท	น	ด
ะ	ไ	ไ	ไ	ช	ป	ฉ	เ	ไ	ม	น	บ	ท	ส

ตอนนี้
ก่อน
ประจำปี
ปี
เมื่อวาน
ปฏิทิน
ทศวรรษ
วัน
อนาคต
ชั่วโมง
วันนี้
เช้า
เที่ยง
เดือน
นาที
ขณะ
กลางคืน
นาฬิกา
สัปดาห์
ศตวรรษ

62 - Paisajes

บ	น	น	ภ	า	บ	ด	ย	ฟ	ธ	โ	บ	จ	ฟ
ล	ส	ย	ว	ณ	ส	บ	ฟ	ด	ช	อ	ย	ร	ล
ร	ง	ข	◌็	แ	◌ำ	น	◌้	า	ข	เ	◌ู	ภ	ท
ภ	◌ู	เ	ข	า	บ	ท	ไ	ห	ต	อ	ท	แ	ะ
ล	เ	ะ	ท	ย	ภ	ะ	เ	ย	ษ	ซ	◌ุ	ม	เ
า	ข	เ	บ	◌ุ	ห	เ	พ	า	ฟ	◌ิ	น	◌่	ล
ก	เ	ก	า	ะ	ษ	ล	ส	ช	ณ	ส	ด	น	ท
◌ู	ย	ร	ท	◌ุ	ม	ส	บ	า	ค	บ	ร	◌้	ร
น	ธ	ส	อ	อ	พ	า	ภ	จ	แ	◌ึ	า	◌ำ	า
ค	น	ณ	เ	ง	ห	บ	บ	ว	น	ง	ฉ	ผ	ย
ธ	า	ร	น	◌้	◌ำ	แ	ข	◌็	ง	◌้	ซ	ซ	ง
ธ	ฟ	ถ	ไ	ก	เ	ซ	อ	ร	◌์	ง	◌ำ	เ	อ
ข	น	ป	◌้	ภ	◌ู	เ	ข	า	ไ	ฟ	ถ	ต	ผ
แ	ถ	ฝ	ว	◌ำ	◌้	น	ก	า	ป	า	ส	ส	ก

น้ำตก
ถ้ำ
ทะเลทราย
ปากน้ำ
ไกเซอร์
ธารน้ำแข็ง
ภูเขาน้ำแข็ง
เกาะ
ทะเลสาบ
ลากูน
ทะเล
ภูเขา
โอเอซิส
บึง
คาบสมุทร
ชายหาด
แม่น้ำ
ทุนดรา
หุบเขา
ภูเขาไฟ

63 - Días y Meses

ว	ก	ป	ว	ญ	ต	ม	ค	า	ร	ก	ม	ว	ก
◌ั	◌ั	ฏ	เ	◌ั	ะ	◌ุ	ว	ร	ท	จ	◌ิ	◌ั	◌ุ
น	น	◌ิ	ม	เ	น	แ	ล	ถ	ย	อ	ถ	น	ม
พ	ย	ท	ษ	ด	พ	เ	ร	า	า	ต	◌ุ	อ	ภ
◌ุ	า	◌ิ	า	◌ี	ม	ฤ	ส	ช	ค	ง	น	า	า
ธ	ย	น	ย	อ	ร	ภ	ศ	า	ร	ม	า	ท	พ
ก	น	ห	น	น	ป	ก	ภ	จ	ร	ต	ย	◌ิ	◌ั
ร	า	ค	ง	อ	◌ั	น	◌ั	ว	◌ิ	◌์	น	ต	น
ก	ว	◌ั	น	จ	◌ั	น	ท	ร	◌์	ก	ฝ	ย	ธ
ฎ	ส	◌ิ	ง	ห	า	ค	ม	ย	แ	ฟ	า	◌์	◌์
า	ว	◌ั	น	พ	ฤ	ห	◌ั	ส	บ	ด	◌ี	ย	บ
ค	ว	◌ั	น	ศ	◌ุ	ก	ร	◌์	ไ	แ	ล	ธ	น
ม	ณ	ป	ส	ะ	ม	ผ	ผ	ต	ษ	ญ	ร	แ	ช
จ	ห	◌ี	ช	ศ	ภ	ส	◌ั	ป	ด	า	ห	◌์	ธ

เมษายน
สิงหาคม
ปี
ปฏิทิน
วันอาทิตย์
มกราคม
กุมภาพันธ์
วันพฤหัสบดี
กรกฎาคม
มิถุนายน
วันจันทร์
วันอังคาร
เดือน
วันพุธ
พฤศจิกายน
ตุลาคม
วันเสาร์
สัปดาห์
กันยายน
วันศุกร์

64 - Chocolate

ถ	ข	น	โ	ท	ค	แ	ร	พ	ก	ส	ค	ไ	ะ
ม	ธ	ม	ก	◌ี	◌ุ	ฉ	ค	ม	ล	ษ	น	ฝ	ห
ะ	จ	ส	โ	◌่	ณ	ป	ง	ล	ะ	ว	ภ	ว	น
พ	จ	ผ	ก	ช	ภ	ล	ค	ย	อ	◌่	ร	อ	◌้
ร	ญ	น	◌้	◌ี	า	ท	ข	ผ	ง	ร	ถ	ธ	◌ำ
◌ั	ษ	ว	ง	◌่	พ	ห	ฉ	ง	ะ	ล	◌ี	ว	ต
า	ก	◌่	ฉ	น	า	ว	ห	ส	ร	ย	ล	◌่	า
ว	ล	ส	ท	ช	ซ	◌ิ	ต	า	ช	ส	ร	◌ั	ล
ร	◌ิ	ท	า	อ	จ	า	ส	บ	เ	ป	ม	ถ	ก
ร	◌่	พ	ถ	บ	แ	ป	ล	ก	ไ	ห	ม	◌่	◌ิ
ภ	น	ค	า	ร	า	เ	ม	ล	ภ	อ	ซ	ต	น
า	ห	ส	◌ู	ต	ร	อ	า	ห	า	ร	ศ	ญ	ฝ
ป	อ	ฟ	ต	แ	ป	ด	า	บ	ง	ค	ง	า	ห
ณ	ม	ช	◌่	า	ง	ฝ	◌ี	ม	◌ื	อ	ไ	ไ	ป

ขม
กลิ่นหอม
ช่างฝีมือ
น้ำตาล
ถั่ว
โกโก้
คุณภาพ
แคลอรี่
คาราเมล
มะพร้าว
กิน
อร่อย
หวาน
แปลกใหม่
ที่ชื่นชอบ
รส
ส่วนผสม
ผง
สูตรอาหาร
รสชาติ

65 - Barbacoas

เ	ก	ล	◌ื	อ	ว	บ	ไ	เ	น	ต	ย	ส	ผ
ไ	ฤ	พ	ร	◌ิ	ก	ไ	ท	ย	◌ั	ร	ค	ล	◌ั
อ	ฟ	ด	ถ	ว	ภ	ห	บ	ถ	ว	◌้	ว	◌ั	ก
า	บ	พ	◌ู	◌ั	ข	ภ	ธ	ศ	ง	อ	า	ด	ษ
ล	ไ	น	แ	ร	ญ	ศ	ม	ท	า	น	ม	ม	ณ
ด	ฝ	◌็	บ	ค	◌้	ส	ห	เ	ล	ย	ห	ด	ถ
ซ	ท	ย	ญ	บ	ห	อ	อ	อ	ก	ด	◌ิ	า	อ
ณ	ค	เ	ภ	อ	ก	ซ	น	◌ื	ร	ม	ว	ว	ศ
ไ	น	ร	ม	ร	ฟ	อ	ค	ข	า	ไ	ษ	น	ก
ย	◌่	า	ง	ค	ข	ด	ท	เ	ห	ศ	ค	ซ	ฉ
ก	ก	ห	ด	น	ต	ร	◌ี	ะ	า	ค	ญ	ผ	ว
เ	ไ	า	ย	พ	ภ	ร	ม	ม	อ	ห	ว	◌ั	ห
ข	ป	อ	ะ	ษ	เ	พ	◌ื	◌่	อ	น	ร	ย	ไ
ผ	ล	ไ	ม	◌้	แ	ก	พ	ค	ซ	ข	ผ	ส	ค

อาหารกลางวัน
เพื่อน
ร้อน
หัวหอม
อาหารเย็น
มีด
สลัด
ครอบครัว
ผลไม้
ความหิว
เกม
ดนตรี
ย่าง
พริกไทย
ไก่
เกลือ
ซอส
มะเขือเทศ
ฤดูร้อน
ผัก

66 - Ropa

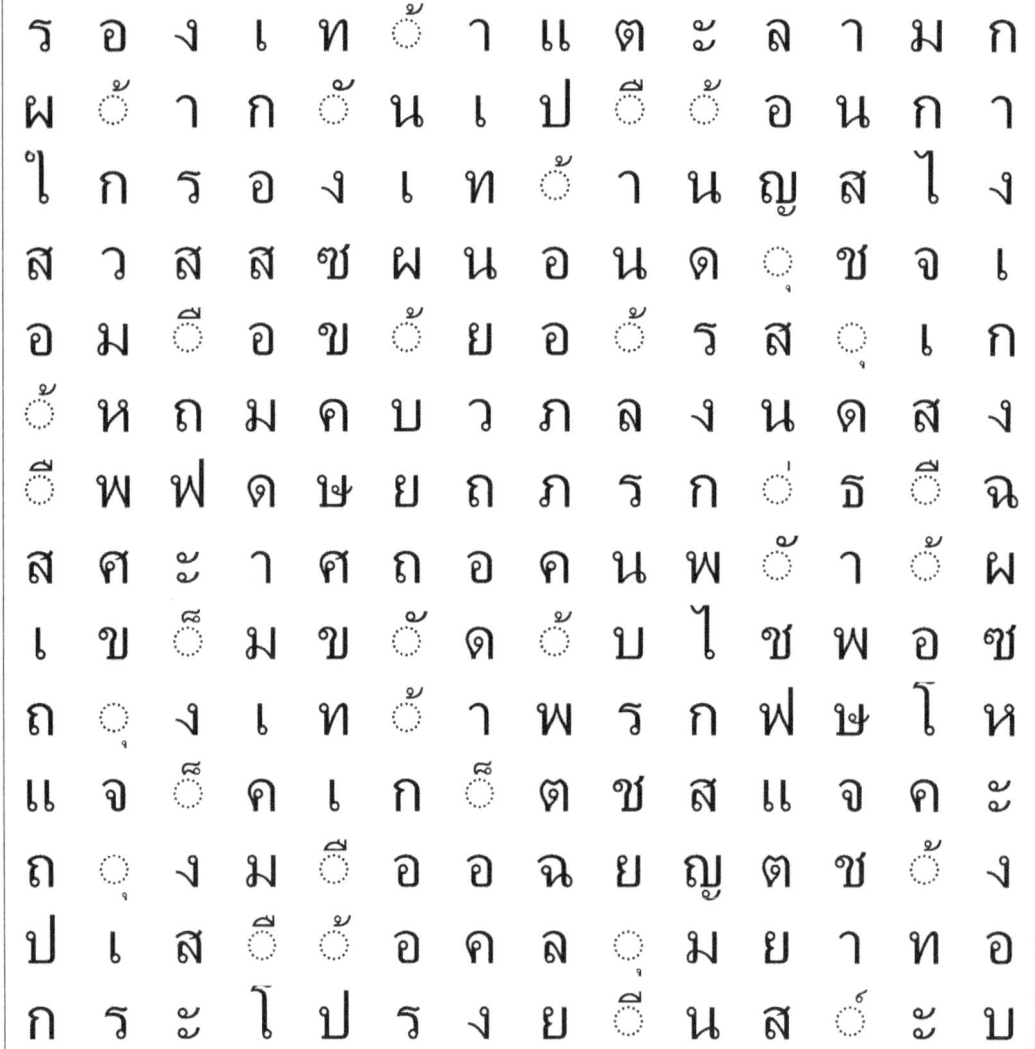

ร	อ	ง	เ	ท	◌้	า	แ	ต	ะ	ล	า	ม	ก
ผ	◌้	า	ก	◌ั	น	เ	ป	◌ื	◌้	อ	น	ก	า
ไ	ก	ร	อ	ง	เ	ท	◌้	า	น	ญ	ส	ไ	ง
ส	ว	ส	ส	ซ	ผ	น	อ	น	ด	◌ุ	ช	จ	เ
อ	ม	◌ื	อ	ข	◌้	ย	อ	◌้	ร	ส	◌ุ	เ	ก
◌้	ห	ถ	ม	ค	บ	ว	ภ	ล	ง	น	ด	ส	ง
◌ื	พ	ฟ	ด	ษ	ย	ถ	ภ	ร	ก	◌่	ธ	◌ื	ฉ
ส	ศ	ะ	า	ศ	ถ	อ	ค	น	พ	◌ั	า	◌้	ผ
เ	ข	◌็	ม	ข	◌ั	ด	◌้	บ	ไ	ช	พ	อ	ซ
ถ	◌ุ	ง	เ	ท	◌้	า	พ	ร	ก	ฟ	ษ	โ	ห
แ	จ	◌็	ค	เ	ก	◌็	ต	ช	ส	แ	จ	ค	ะ
ถ	◌ุ	ง	ม	◌ื	อ	อ	ฉ	ย	ญ	ต	ช	◌้	ง
ป	เ	ส	◌ื	◌้	อ	ค	ล	◌ุ	ม	ย	า	ท	อ
ก	ร	ะ	โ	ป	ร	ง	ย	◌ี	น	ส	◌์	ะ	บ

เสื้อโค้ท
ผ้าพันคอ
ถุงเท้า
เสื้อ
แจ็คเก็ต
เข็มขัด
สร้อยคอ
ผ้ากันเปื้อน
กระโปรง
ถุงมือ
ยีนส์
แฟชั่น
กางเกง
ชุดนอน
สร้อยข้อมือ
รองเท้าแตะ
หมวก
เสื้อคลุม
ชุด
รองเท้า

67 - Meditación

ค	ว	ค	พ	ค	ด	ผ	ย	ษ	ญ	ะ	เ	ก	ง
ว	ส	ว	ถ	ว	บ	น	ษ	บ	ด	จ	ต	า	ม
า	◌ั	า	แ	า	◌ั	◌ิ	ต	า	ช	ม	ร	ร	ธ
ม	น	ม	ม	ม	ร	ท	ก	ร	จ	◌ิ	ต	เ	ณ
เ	ต	ส	◌ุ	ค	ม	ต	เ	ด	◌ี	ไ	ค	ค	ค
ม	◌ิ	◌ุ	ม	◌ิ	อ	บ	ง	ส	ด	ไ	จ	ล	ว
ต	ภ	ข	ม	ด	ย	ฝ	◌ั	ย	ฝ	อ	ไ	◌ื	า
ต	า	ถ	อ	พ	ร	ร	ส	บ	ฝ	า	ย	◌่	ม
า	พ	ฉ	ง	ญ	า	ง	ร	ข	ย	ร	า	อ	ส
ญ	◌ู	ญ	◌ั	ต	ก	ม	า	ว	ค	ม	ห	น	น
ะ	ก	ธ	ค	ช	ค	ย	ก	ท	ฝ	ณ	ร	ไ	ไ
ค	ว	า	ม	เ	ง	◌ี	ย	บ	า	◌์	า	ห	จ
ส	ก	ง	ไ	ะ	ม	ศ	ต	แ	ก	◌่	ก	ว	แ
ค	ว	า	ม	ช	◌ั	ด	เ	จ	น	ล	ท	ธ	ไ

การยอมรับ
ความสนใจ
ความเมตตา
สงบ
ความชัดเจน
อารมณ์
ความสุข
ความกตัญญู
จิต
ใจ

การเคลื่อนไหว
ดนตรี
ธรรมชาติ
การสังเกต
สันติภาพ
ความคิด
มุมมอง
ท่าทาง
การหายใจ
ความเงียบ

68 - Café

ห	จ	ห	◌ำ	ด	◌ี	ส	ข	บ	ไ	น	แ	ฉ	ด
เ	ภ	ฝ	เ	◌ี	ก	ค	เ	ด	ต	ภ	ซ	ถ	ณ
ก	ช	◌ำ	อ	◌่	ร	ร	ถ	ไ	ค	ไ	ไ	อ	ว
ล	ค	◌้	ร	ม	า	◌ี	ด	แ	ษ	ฟ	บ	ท	เ
◌ิ	า	น	า	ข	ค	ม	ท	ง	เ	แ	บ	ฟ	ข
◌่	เ	ล	ข	น	า	ไ	◌ี	ป	ก	ห	ฉ	อ	จ
น	ฟ	ช	ก	อ	ท	ะ	◌่	ร	ส	ช	า	ต	◌ิ
ห	อ	ห	แ	ญ	ง	แ	ม	ห	ว	ฟ	ร	ง	ไ
อ	◌ี	ฉ	ว	ว	อ	เ	า	ถ	ก	เ	ศ	แ	ไ
ม	น	ค	ช	ง	ร	ไ	ห	น	ด	ไ	ล	ภ	ผ
ภ	า	บ	ล	ห	ก	ส	ม	ล	า	ต	◌ำ	◌้	น
น	แ	ป	เ	ก	ส	น	ป	ย	ว	◌้	ถ	บ	ห
พ	ว	ศ	ฉ	ค	ภ	ม	ผ	ค	ฝ	ห	ษ	ถ	ย
เ	ค	ร	◌ี	◌่	อ	ง	ด	◌ี	◌่	ม	ต	ต	แ

น้ำ
ขม
กลิ่นหอม
น้ำตาล
ดื่ม
เครื่องดื่ม
คาเฟอีน
ครีม
กรอง

นม
ของเหลว
เช้า
บด
สีดำ
ที่มา
ราคา
รสชาติ
ถ้วย

69 - Libros

ป	ร	ะ	ว	◌ั	ต	◌ิ	ศ	า	ส	ต	ร	◌์	ค
เ	ข	◌ี	ย	น	ภ	ณ	บ	ม	◌้	ศ	พ	ผ	ว
ด	ณ	ฝ	ย	ภ	า	า	ร	น	ล	น	ต	◌ู	า
ญ	ว	ท	ง	พ	ม	ข	◌ิ	◌ิ	เ	ช	ห	◌้	ม
◌ี	ว	ก	ท	บ	ะ	ก	บ	ย	ช	◌ุ	ด	บ	เ
ศ	า	ล	พ	ฉ	พ	ค	ท	า	ง	น	ภ	ร	ป
ป	ร	ะ	ด	◌ิ	ษ	ฐ	◌์	ย	ษ	ถ	ซ	ร	◌็
ซ	ง	ก	น	ผ	บ	ค	อ	น	า	ถ	ส	ย	น
ณ	อ	เ	ล	น	◌ู	◌ำ	ณ	ศ	ข	น	ท	า	ค
ญ	◌่	ล	บ	อ	อ	◌้	ม	ษ	ต	ม	ฝ	ย	◌ู
ล	◌ี	ซ	ฝ	า	น	ณ	อ	ห	ว	ม	ธ	ษ	◌่
ม	ร	ร	ก	ณ	ร	ร	ว	◌่	ต	ล	ก	พ	ฝ
า	เ	ย	◌ั	ภ	ญ	จ	ผ	ร	า	ก	เ	ญ	ญ
ผ	◌ู	◌้	เ	ข	◌ี	ย	น	ภ	ถ	น	ธ	ไ	ไ

ผู้เขียน
การผจญภัย
ชุด
บริบท
ความเป็นคู่
เขียน
เรื่องราว
ประวัติศาสตร์
ตลก
ประดิษฐ์

ผู้อ่าน
วรรณกรรม
ผู้บรรยาย
นิยาย
คำ
หน้า
กลอน
บทกวี
อนาคต

70 - Los Medios de Comunicación

ข	า	ก	ภ	ม	ร	ร	ก	ห	า	ส	ต	◌ุ	อ
◌้	ย	า	◌่	ถ	พ	า	ภ	น	แ	จ	ท	ข	ไ
อ	ไ	ร	ผ	ง	ว	ส	บ	◌ั	บ	ฉ	◌ั	เ	อ
เ	ถ	ศ	ท	ก	◌ิ	ย	ณ	ง	ง	ม	อ	ค	ฟ
ท	อ	◌ึ	◌ุ	า	ท	ต	ส	ส	ฝ	ห	ง	ร	อ
◌็	ท	ก	น	ร	ย	◌ิ	า	◌ื	ถ	ว	ถ	◌ื	อ
จ	ส	ษ	โ	ส	◌ุ	น	ธ	อ	ต	จ	◌ิ	อ	น
จ	ต	า	ท	◌ื	ล	ศ	า	พ	◌ิ	โ	◌่	ข	ไ
ร	◌ิ	ส	ร	◌่	ม	ซ	ร	◌ิ	ค	ฆ	น	◌่	ล
◌ิ	ป	ฝ	ท	อ	ย	ฟ	ณ	ม	น	ษ	ย	า	น
ง	◌ั	ะ	◌ั	ส	ะ	ย	ะ	พ	ศ	ณ	ซ	ย	◌์
ค	ญ	ค	ศ	า	ง	ม	ด	◌์	◌ั	า	ง	ห	ร
ไ	ญ	ค	น	ร	ด	◌ิ	จ	◌ิ	ท	◌ั	ล	เ	ค
เ	า	ห	◌์	พ	ม	ค	ว	า	ม	เ	ห	◌็	น

ทัศนคติ   อุตสาหกรรม
โฆษณา   สติปัญญา
การสื่อสาร   ท้องถิ่น
ดิจิทัล   ความเห็น
ฉบับ   หนังสือพิมพ์
การศึกษา   สาธารณะ
ออนไลน์   วิทยุ
ทุน   เครือข่าย
ภาพถ่าย   นิตยสาร
ข้อเท็จจริง   โทรทัศน์

71 - Nutrición

ญ	แ	ร	พ	ค	ว	า	ม	ก	ร	ะ	ห	า	ย
ร	า	ห	า	อ	ร	า	ส	ล	พ	เ	ค	ภ	ก
ข	ญ	ว	ภ	ด	ม	ฉ	อ	◌ุ	ม	ญ	พ	อ	◌ิ
ง	พ	น	ณ	ะ	ง	ศ	ซ	ด	ข	ป	ป	ศ	น
ข	◌ิ	◌ี	◌ุ	า	ซ	ข	ซ	ม	ธ	ภ	ห	บ	ไ
จ	ษ	ต	ค	ผ	ะ	อ	เ	ส	จ	น	า	ธ	ด
ค	า	ร	◌์	โ	บ	ไ	ฮ	เ	ด	ร	ต	พ	◌ั้
ณ	ว	ป	ร	แ	ก	◌ั	ม	ห	ร	า	ก	ฉ	ท
ศ	พ	โ	ไ	ส	ค	ฟ	ก	น	◌ั	ห	◌ำ	◌ั้	น
ช	ศ	ป	ศ	ซ	ช	ล	น	ม	◌ิ	า	ต	◌ิ	ว
อ	พ	ท	ษ	ผ	ข	า	อ	ศ	ธ	อ	ย	ศ	ไ
ซ	◌ี	เ	ร	◌ี	ย	ล	ต	ร	ห	ะ	พ	ศ	แ
ไ	ก	า	ร	ย	◌่	อ	ย	◌ิ	◌ี	ต	น	ญ	ฟ
แ	ข	◌็	ง	แ	ร	ง	ซ	ญ	า	◌่	บ	ก	ฉ

ขม
ความกระหาย
คุณภาพ
แคลอรี่
คาร์โบไฮเดรต
ซีเรียล
กินได้
อาหาร
การย่อย
สมดุล
การหมัก
สารอาหาร
น้ำหนัก
โปรตีน
รสชาติ
ซอส
สุขภาพ
แข็งแรง
พิษ
วิตามิน

72 - Edificios

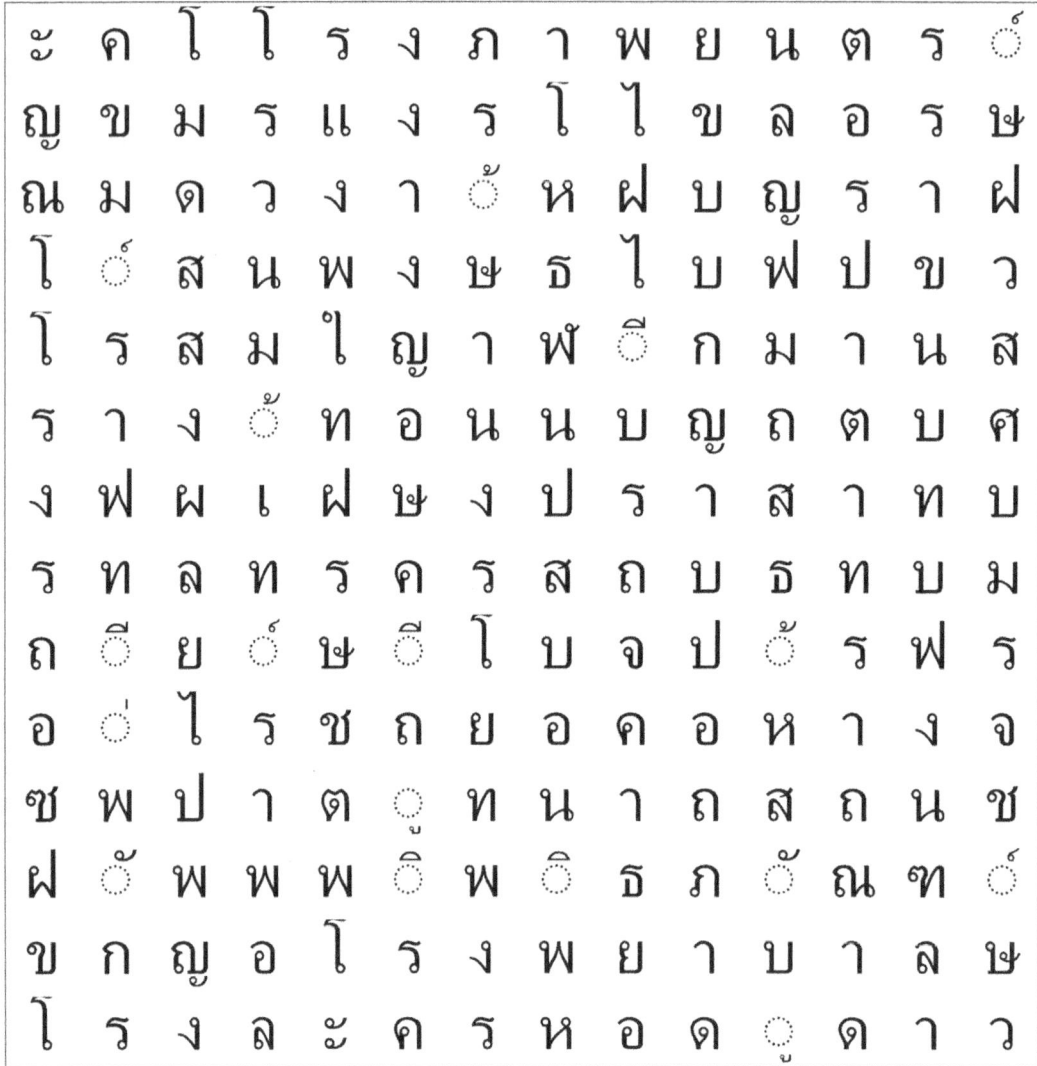

ะ	ค	โ	โ	ร	ง	ภ	า	พ	ย	น	ต	ร	์
ญ	ข	ม	ร	แ	ง	ร	โ	ไ	ข	ล	อ	ร	ษ
ณ	ม	ด	ว	ง	า	้	ห	ฝ	บ	ญ	ร	า	ฝ
โ	์	ส	น	พ	ง	ษ	ธ	ไ	บ	ฟ	ป	ข	ว
โ	ร	ส	ม	ใ	ญ	า	ฬ	ี	ก	ม	า	น	ส
ร	า	ง	้	ท	อ	น	น	บ	ญ	ถ	ต	บ	ศ
ง	ฟ	ผ	เ	ฝ	ษ	ง	ป	ร	า	ส	า	ท	บ
ร	ท	ล	ท	ร	ค	ร	ส	ถ	บ	ธ	ท	บ	ม
ถ	ี	ย	์	ษ	ี	โ	บ	จ	ป	้	ร	ฟ	ร
อ	่	ไ	ร	ช	ถ	ย	อ	ค	อ	ห	า	ง	จ
ซ	พ	ป	า	ต	ู	ท	น	า	ถ	ส	ถ	น	ช
ฝ	ั	พ	พ	พ	ิ	พ	ิ	ธ	ภ	ั	ณ	ฑ	์
ข	ก	ญ	อ	โ	ร	ง	พ	ย	า	บ	า	ล	ษ
โ	ร	ง	ล	ะ	ค	ร	ห	อ	ด	ู	ด	า	ว

ที่พัก
อพาร์ทเม้น
ห้าง
บ้าน
ปราสาท
โรงภาพยนตร์
สถานทูต
โรงเรียน
สนามกีฬา
โรงงาน
โรงรถ
โรงนา
ฟาร์ม
โรงพยาบาล
โรงแรม
พิพิธภัณฑ์
หอดูดาว
โรงละคร
หอคอย

73 - Océano

ส	ฟ	ภ	ข	ไ	ะ	เ	ใ	ช	ง	◌ำ	ม	◌ู	ป
ห	า	ข	ง	◌ั	ร	า	ก	ะ	ป	◌้	ง	เ	ล
ร	ว	ห	ม	ค	ไ	น	อ	ล	ว	น	ก	ต	า
ป	◌ี	ล	ร	พ	ะ	◌่	พ	ว	◌ื	ง	◌ุ	◌่	ไ
ใ	ฝ	ฟ	ง	◌่	ง	◌ู	ป	ล	า	อ	◌้	า	ห
า	บ	ย	า	ธ	า	ท	ว	ล	ง	ฟ	ง	ข	ล
ถ	น	ม	น	ส	พ	ย	า	ด	ซ	ข	ธ	ข	ะ
ษ	◌์	ก	ย	◌ั	ก	◌ึ	ม	ห	า	ล	ป	พ	อ
ผ	น	ด	อ	◌ี	ร	เ	ก	า	ร	พ	แ	า	ท
ฟ	ร	ง	ห	พ	ฉ	ล	า	ม	ข	ช	เ	ย	ง
น	◌้	◌ำ	ข	◌ึ	◌้	น	น	◌้	◌ำ	ล	ง	◌ุ	ย
ป	ล	า	โ	ล	ม	า	ย	ฝ	ด	ใ	า	า	จ
แ	ม	ง	ก	ะ	พ	ร	◌ุ	น	ว	ม	ห	ข	ค
ข	จ	ใ	ไ	ใ	ท	ณ	ธ	เ	น	ใ	ต	แ	ส

สาหร่าย
ปลาไหล
รีฟ
ทูน่า
วาฬ
เรือ
กุ้ง
ปู
ปะการัง
ปลาโลมา
ฟองน้ำ
น้ำขึ้นน้ำลง
แมงกะพรุน
หอยนางรม
ปลา
ปลาหมึกยักษ์
เกลือ
ฉลาม
พายุ
เต่า

74 - Ciudad

ร	เ	บ	เ	ก	อ	ร	◌ี	◌่	ภ	ธ	ร	ห	ด
ค	◌้	ณ	ค	พ	ธ	น	ง	ก	ย	น	◌้	◌้	อ
ะ	ร	า	ฬ	◌ี	ก	ม	า	น	ส	า	า	อ	ก
ล	◌้	ห	น	แ	ท	ส	ศ	◌ิ	ธ	ค	น	ง	ไ
ง	า	ณ	ย	อ	ก	ป	ถ	◌ิ	ล	า	ข	ส	ม
ร	น	โ	◌ี	ด	า	ล	ต	ล	ฟ	ร	า	ม	◌้
โ	ห	อ	ร	ณ	ข	ห	เ	ค	ฟ	พ	ย	◌ุ	ด
ญ	น	ส	เ	ง	ฝ	บ	า	ล	ณ	ฝ	ย	ด	◌ี
ภ	◌ั	ว	ง	ค	แ	ท	ท	ร	อ	ข	า	ญ	ศ
ก	ง	ช	ร	ฉ	ะ	ร	ห	ษ	ษ	ร	ษ	ถ	จ
ศ	ส	ญ	โ	น	◌ิ	บ	ม	า	น	ส	◌ี	ท	ท
ข	◌ี	พ	◌ิ	พ	◌ิ	ธ	ภ	◌ั	ณ	ฑ	◌์	◌่	า
ศ	อ	โ	ร	ง	ภ	า	พ	ย	น	ต	ร	◌์	ม
ฟ	น	ซ	ป	ร	◌้	า	น	ด	ถ	า	น	อ	ห

สนามบิน
ธนาคาร
ห้องสมุด
โรงภาพยนตร์
คลินิก
โรงเรียน
สนามกีฬา
ร้านขายยา
ดอกไม้ดี
แกลเลอรี่
โรงแรม
ร้านหนังสือ
ตลาด
พิพิธภัณฑ์
เบเกอรี่
ร้านอาหาร
โรงละคร
ร้าน

75 - Ingeniería

เ	ต	ณ	ภ	ฟ	ด	◌ั	ว	ร	า	ก	ป	น	ค
ค	ะ	แ	ไ	ม	ห	◌ี	ก	ธ	บ	◌ึ	บ	อ	ว
ร	แ	ร	ง	ข	◌ั	บ	เ	ด	ณ	ล	อ	ณ	า
◌ี	พ	ล	◌ั	ง	ง	า	น	ซ	ภ	ม	ม	◌ุ	ม
◌่	ส	ภ	โ	า	ก	ช	อ	ห	ล	า	ถ	ผ	ม
อ	ป	ป	ค	ร	ซ	า	ภ	ส	ค	ว	ซ	ณ	◌ั
ง	ร	แ	ร	◌้	จ	ผ	ร	ภ	ม	ค	ฝ	ว	◌่
ย	แ	ถ	ง	ส	ไ	ภ	ข	ก	ป	ะ	ส	น	น
น	บ	ห	ส	อ	แ	ค	ต	ถ	ร	แ	า	◌ำ	ค
ต	ห	น	ร	◌่	ฟ	ผ	ส	ง	บ	ะ	ร	ค	ง
◌์	ห	ด	◌้	ก	ย	โ	น	◌ั	ค	ไ	จ	ร	อ
ข	ไ	ส	า	ร	ด	พ	จ	ภ	ช	จ	ช	า	ร
แ	ก	น	ง	า	ญ	ก	น	ป	า	ง	ม	ก	ย
ห	ง	จ	ฟ	ก	ร	อ	ไ	น	ษ	พ	ญ	ป	ญ

มุม
การคำนวณ
การก่อสร้าง
แผนภาพ
ดีเซล
การกระจาย
แกน
พลังงาน
ความมั่นคง
โครงสร้าง
แรง
การวัด
เครื่องยนต์
คันโยก
ความลึก
แรงขับ

76 - Comida #1

ส	ใ	บ	ข	ห	อ	ส	ใ	ไ	บ	ฟ	ผ	แ	ภ
ต	ฉ	ส	ษ	ฝ	ม	◌้	ไ	ล	ผ	◌ำ	◌้	น	ล
ท	◌ู	น	◌่	า	ย	ฝ	ต	ย	น	ต	า	ข	◌ู
ซ	ศ	ซ	ไ	ท	◌ี	อ	ษ	จ	ฝ	เ	น	ต	ก
ษ	ผ	ศ	อ	แ	ท	◌ื	ว	ษ	น	น	◌้	แ	แ
ซ	บ	า	ร	◌์	เ	ล	◌่	ย	◌์	◌ื	◌ำ	ค	พ
ซ	ไ	ม	ศ	ภ	ะ	ก	น	ฝ	ซ	◌ั	ต	ร	ร
น	ผ	ใ	ม	ธ	ร	เ	ม	ว	ซ	อ	า	อ	◌์
ไ	◌ั	า	อ	◌ิ	ก	ฝ	ซ	ต	แ	◌ุ	ล	ท	ม
อ	ก	น	ห	ก	น	น	ม	ร	พ	ะ	ป	เ	พ
บ	โ	ป	ว	ม	ศ	ต	เ	ะ	ฟ	พ	ฝ	จ	ป
เ	ข	ด	◌ั	ล	ส	ศ	◌์	ท	น	ก	า	แ	ฟ
ช	ม	ไ	ห	โ	ห	ร	ะ	พ	า	า	ษ	ณ	น
ย	ค	เ	ร	ฟ	ด	า	ก	ก	ผ	◌ั	ว	◌ั	ห

กระเทียม
โหระพา
ทูน่า
น้ำตาล
กาแฟ
อบเชย
เนื้อ
บาร์เล่ย์
หัวหอม
สลัด
ผักโขม
น้ำผลไม้
นม
มะนาว
มินต์
หัวผักกาด
ลูกแพร์
เกลือ
ซุป
แครอท

77 - Antigüedades

ก	า	ร	ฟ	◌ื	◌้	น	ฟ	◌ู	ฝ	ส	ส	ผ	จ
ผ	◌่	◌่	า	ษ	ณ	เ	ศ	◌ิ	ล	ป	ะ	◌ิ	ด
ซ	ง	ฉ	ค	น	◌ุ	ท	ง	ล	ร	า	ก	ด	น
บ	ส	ภ	า	ะ	ผ	ร	◌่	◌ี	ถ	ต	ณ	ป	ม
บ	ด	ง	ร	ล	ท	ถ	ต	ษ	◌่	ช	ญ	ก	ข
แ	ษ	ง	ฉ	ข	ซ	พ	แ	ษ	◌ี	อ	ม	ต	ค
ป	ร	ะ	ต	◌ิ	ม	า	ก	ร	ร	ม	น	◌ิ	เ
◌ู	ร	ป	แ	ท	◌้	ภ	ต	ร	อ	ล	ต	ไ	อ
ร	ว	ญ	ร	ร	ฟ	ณ	ต	ว	ล	ช	ญ	ค	ข
ฉ	ต	ก	ล	ะ	ง	◌ุ	แ	ศ	เ	ม	ม	ธ	ง
ก	ศ	ไ	ห	จ	ม	ค	ก	ท	ล	ฉ	น	ไ	ไ
เ	ห	ร	◌ี	ย	ญ	◌ู	◌่	ศ	ก	ส	อ	ล	จ
ข	พ	ว	ผ	ค	ม	จ	ล	จ	แ	ไ	ษ	ไ	ไ
เ	ฟ	อ	ร	◌์	น	◌ิ	เ	จ	อ	ร	◌์	ท	ไ

ศิลปะ
แท้
คุณภาพ
เงื่อนไข
ตกแต่ง
ทศวรรษ
สง่า
ประติมากรรม
รูปแบบ
แกลเลอรี่
ผิดปกติ
การลงทุน
เหรียญ
เฟอร์นิเจอร์
ราคา
การฟื้นฟู
ศตวรรษ
ประมูล
ค่า
แก่

78 - Literatura

ก	ผ	โ	ย	า	ย	ร	ร	บ	◌ั	◌ู	ผ	า	ช
า	◌ู	ศ	า	ะ	า	◌ู	ศ	ษ	ค	ข	ม	บ	◌ี
ร	◌ั	ก	ย	เ	ม	ป	◌ุ	ร	ส	ท	บ	ท	ว
ว	เ	น	◌ิ	ส	ป	แ	ส	ว	ษ	ม	ด	พ	ป
◌ิ	ข	า	น	ป	◌ุ	บ	บ	◌ั	ธ	น	น	◌ู	ร
เ	◌ี	ฏ	แ	ร	อ	บ	ง	ท	ม	◌ี	ธ	ด	ะ
ค	ย	ก	ถ	ะ	◌ำ	ะ	ผ	ฝ	ก	ผ	ต	ข	ว
ร	น	ร	ว	เ	ค	ณ	น	พ	ธ	ว	◌ั	ณ	◌ั
า	ษ	ร	ก	ภ	ฟ	ษ	ด	า	ฟ	ไ	◌ี	ส	ต
ะ	ว	ม	ห	ท	ณ	ก	ซ	ห	ล	ซ	ค	ธ	◌ิ
ห	ญ	ะ	ว	ห	ง	◌ั	จ	ผ	ต	◌็	เ	ส	ซ
◌์	ย	ฟ	อ	ภ	ถ	ล	ด	ค	ง	ไ	อ	ซ	ฉ
เ	ร	◌ี	◌่	อ	ง	เ	ล	◌่	า	แ	ป	ก	ถ
ฝ	ง	ก	ล	อ	น	◌็	ห	เ	ม	า	ว	ค	ด

อะนาล็อก
การวิเคราะห์
ผู้เขียน
ชีวประวัติ
บทสรุป
ลักษณะ
บทพูด
รูปแบบ
ประเภท
คำอุปมา
ผู้บรรยาย
เรื่องเล่า
นิยาย
ความเห็น
กลอน
บทกวี
สัมผัส
จังหวะ
ธีม
โศกนาฏกรรม

79 - Química

อ	ค	ไ	โ	ข	ธ	ษ	◌์	ม	ซ	ไ	น	อ	เ
อ	ว	ต	ล	ผ	ฉ	ไ	ว	ข	ฟ	ต	ม	◌ิ	น
ก	า	◌ั	ห	แ	ด	ค	ไ	ห	ท	ว	ข	เ	จ
ซ	ม	ว	ะ	ค	า	พ	ผ	ง	า	บ	ญ	ล	เ
◌ิ	ร	เ	ษ	ภ	อ	ย	ค	ถ	ะ	ข	ข	◌็	ร
เ	◌้	ร	ส	◌๊	ก	แ	ด	น	ฟ	แ	ก	ก	ด
จ	อ	◌่	า	ย	ร	◌ิ	ก	◌ิ	◌ิ	ฏ	ป	ต	โ
น	น	ง	ณ	ง	ด	ด	โ	ข	แ	ก	บ	ร	ฮ
ค	า	ร	◌์	บ	อ	น	◌่	ม	า	ก	อ	อ	ไ
น	◌ั	◌ำ	ห	น	◌ั	ก	◌ี	า	เ	า	◌ี	น	อ
ข	อ	ง	เ	ห	ล	ว	ฉ	ร	ง	ล	ล	ฉ	อ
บ	บ	ม	◌ิ	ภ	◌ู	ห	ณ	◌ุ	อ	น	ก	ไ	อ
า	ถ	ต	ค	ภ	บ	ฉ	ท	ฟ	ณ	ล	เ	◌ุ	น
น	◌ิ	ว	เ	ค	ล	◌ี	ย	ร	◌์	ไ	ค	ฉ	ล

ด่าง
กรด
ความร้อน
คาร์บอน
ตัวเร่ง
คลอรีน
อิเล็กตรอน
เอนไซม์
แก๊ส
ไฮโดรเจน
ไอออน
ของเหลว
โลหะ
โมเลกุล
นิวเคลียร์
ออกซิเจน
น้ำหนัก
ปฏิกิริยา
เกลือ
อุณหภูมิ

80 - Gobierno

อ	ร	ก	ฎ	ห	ม	า	ย	ง	ไ	ไ	ภ	ว	ไ
ย	ผ	ะ	ค	ว	า	ม	เ	ส	ม	อ	ภ	า	ค
◌่	ร	ง	ด	ค	ง	อ	◌ี	ม	เ	ร	า	ก	ค
า	ต	อ	◌ู	◌ั	ญ	ด	ณ	แ	ข	◌ั	ไ	ถ	ว
ง	ก	◌ิ	พ	ไ	บ	ห	ล	แ	ฝ	ฐ	ว	ช	า
ฝ	ศ	ส	◌ำ	ท	พ	ช	ณ	ถ	ผ	ธ	ส	ซ	ม
ต	ร	ร	ค	ไ	ย	พ	า	ภ	◌ี	ร	ส	เ	ย
ศ	◌ุ	ะ	ก	ะ	ะ	ไ	น	ต	ธ	ร	พ	ณ	◌ุ
ป	แ	ล	ด	ฝ	ล	ต	◌ั	ข	◌ิ	ม	ล	ณ	ต
ไ	ร	ต	า	ะ	แ	า	ห	เ	ท	น	เ	ฟ	◌ิ
ท	ซ	ะ	ค	ก	ด	เ	ว	ฝ	◌ิ	◌ู	ร	ย	ธ
ไ	ง	ช	เ	ง	า	ง	◌ั	ผ	ส	ญ	◌ี	ร	ร
พ	ห	ง	ธ	ท	ษ	ร	ห	ง	ว	ป	อ	ง	ร
ช	ว	ห	ห	ว	ศ	ร	◌ั	ฐ	ะ	ข	น	ฟ	ม

พลเรือน
รัฐธรรมนูญ
สิทธิ
คำพูด
อย่าง
เขต
รัฐ
ความเสมอภาค
อิสระ
ตุลาการ
ความยุติธรรม
กฎหมาย
เสรีภาพ
หัวหน้า
ระดับชาติ
ประเทศ
การเมือง

81 - Creatividad

ค	ย	ด	ป	ร	◌ี	ช	า	ฝ	อ	ป	ค	น	แ
ป	ว	น	ส	ช	ะ	ช	ภ	อ	า	ร	ว	◌ิ	ร
ย	ง	า	ห	ต	ร	ภ	เ	ว	ร	ะ	า	ม	ง
ภ	า	พ	ม	ศ	◌ิ	ล	ป	ะ	ม	ด	ม	◌ิ	บ
จ	ม	ไ	แ	ช	ด	ย	ณ	ษ	ณ	◌ิ	เ	ต	◌ั
ฉ	◌ิ	ไ	ห	ล	◌ั	◌ี	ม	ก	◌์	ษ	ข	ม	น
ด	ฝ	น	ส	ล	ม	ด	ง	◌ั	แ	ฐ	◌้	จ	ด
ธ	ร	ล	ต	ณ	ไ	เ	เ	ท	ช	◌์	ม	จ	า
ไ	ด	า	น	น	ฝ	อ	ซ	จ	ฟ	ท	ข	ต	ล
ฝ	ห	ศ	ม	แ	า	ไ	ค	ษ	น	ผ	◌้	แ	ไ
ส	ธ	ศ	า	◌่	เ	ก	ล	ก	น	ท	น	ท	จ
ไ	ค	ส	ค	ห	า	ร	า	พ	ล	◌ั	ง	◌้	แ
ษ	ล	ส	ก	ส	◌ึ	◌้	◌ู	ร	ม	า	ว	ค	เ
ค	ว	า	ม	ป	ร	ะ	ท	◌ั	บ	ไ	จ	ง	ฟ

ศิลปะ
แท้
ความชัดเจน
ดราม่า
อารมณ์
ไหล
ทักษะ
ไอเดีย
ภาพ
จินตนาการ
ความประทับใจ
แรงบันดาลใจ
ความเข้มข้น
ปรีชา
ประดิษฐ์
ความรู้สึก
นิมิต
พลัง

82 - Filantropía

ไ	ใ	ฉ	แ	า	ก	ท	บ	ก	ป	ม	เ	เ	ค
ก	ะ	ฉ	ง	จ	◌ิ	ก	ร	า	ภ	น	ย	ป	ว
ล	ธ	ไ	อ	ต	◌่	ด	◌ิ	ต	ก	◌ุ	า	◌้	า
โ	ฉ	ม	ธ	ม	า	ช	จ	ส	า	ษ	ว	า	ม
ว	ป	ฟ	อ	◌่	แ	ฟ	า	ห	ร	ย	ช	ห	ซ
◌่	พ	ร	ศ	◌ุ	ด	า	ค	ณ	เ	ช	น	ม	◌ื
◌ั	น	ฉ	แ	ล	ร	ไ	ง	า	ง	า	ณ	า	◌่
ท	พ	ร	า	ก	ง	อ	◌้	ต	◌ิ	ต	ห	ย	อ
ผ	◌ู	◌้	ค	น	ร	ร	ช	ย	น	◌ิ	น	ล	ส
อ	ว	น	ต	น	ช	ม	◌ุ	ช	า	ไ	◌ุ	ร	◌ั
ค	ว	า	ม	เ	อ	◌ื	◌้	อ	อ	า	ท	ร	ต
ส	า	ธ	า	ร	ณ	ะ	ศ	ญ	ส	ไ	ง	ต	ย
ว	ต	ร	ป	ภ	ภ	ษ	บ	เ	ส	ก	อ	ค	◌์
ต	ก	า	ร	ก	◌ุ	ศ	ล	ล	ภ	ค	ก	ฝ	ฝ

การกุศล
ชุมชน
ติดต่อ
บริจาค
การเงิน
กองทุน
ความเอื้ออาทร
ผู้คน
ทั่วโลก
กลุ่ม
ความซื่อสัตย์
มนุษยชาติ
เยาวชน
เป้าหมาย
ภารกิจ
ต้องการ
โปรแกรม
สาธารณะ

83 - Clima

อ	ม	ซ	น	ะ	ห	ส	ค	ส	พ	ก	ว	ด	น
ม	◌ุ	ส	ร	ม	ผ	ษ	ล	ภ	า	น	ณ	ถ	ก
ฉ	ป	ณ	ป	แ	ก	ณ	า	า	ย	◌้	ญ	ฝ	ไ
บ	ง	◌้	ห	แ	ณ	น	ว	พ	◌ุ	◌ำ	บ	ผ	โ
อ	ร	ฉ	น	ภ	ก	ด	ด	อ	ท	แ	ร	ไ	พ
ษ	น	◌ี	ผ	ค	◌ู	ห	◌์	า	อ	ข	ร	ฟ	ล
เ	อ	ไ	ซ	ร	ก	ม	ด	ก	ร	◌็	ย	ด	า
ฟ	◌้	า	ร	◌้	อ	ง	◌ิ	า	◌์	ง	า	ซ	ร
ะ	ร	ไ	น	แ	ม	◌้	ช	ศ	น	ด	ก	ฟ	◌์
จ	ต	ภ	ถ	ฝ	ห	ล	◌ุ	ย	า	พ	า	◌้	จ
ป	ข	ญ	ษ	ไ	พ	แ	ะ	ด	โ	ภ	ศ	า	ศ
น	เ	น	◌้	◌ำ	ท	◌่	ว	ม	ด	จ	เ	ผ	ง
ท	◌้	อ	ง	ฟ	◌้	า	ไ	ไ	ณ	อ	ณ	◌่	ซ
พ	า	ย	◌ุ	เ	ฮ	อ	ร	◌ิ	เ	ค	น	า	ณ

บรรยากาศ
บรีซ
ท้องฟ้า
สภาพอากาศ
น้ำแข็ง
พายุเฮอริเคน
น้ำท่วม
มรสุม
หมอก
คลาวด์

โพลาร์
ฟ้าผ่า
แห้ง
แล้ง
อุณหภูมิ
พายุ
พายุทอร์นาโด
เขตร้อน
ฟ้าร้อง
ลม

84 - Comida #2

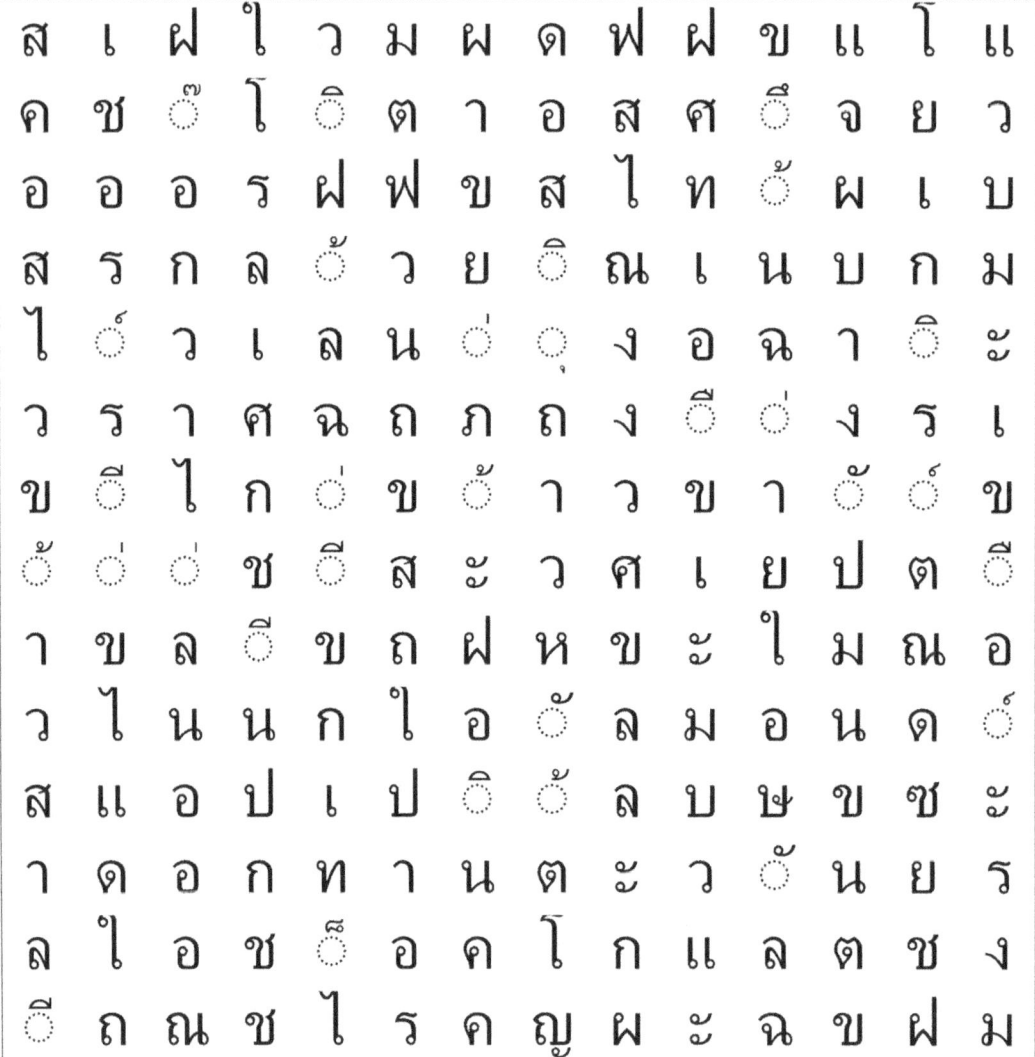

ส	เ	ฝ	ไ	ว	ม	ผ	ด	ฟ	ฝ	ข	แ	โ	แ
ค	ช	◌๊	โ	◌ิ	ต	า	อ	ส	ศ	◌ึ	จ	ย	ว
อ	อ	อ	ร	ฝ	ฟ	ข	ส	ไ	ท	◌้	ผ	เ	บ
ส	ร	ก	ล	◌้	ว	ย	◌ิ	ณ	เ	น	บ	ก	ม
ไ	◌์	ว	เ	ล	น	◌่	◌ุ	ง	อ	ฉ	า	◌ิ	ะ
ว	ร	า	ศ	ฉ	ถ	ภ	ถ	ง	◌ื	◌่	ง	ร	เ
ข	◌ี	ไ	ก	◌่	ข	◌้	า	ว	ข	า	◌ั	◌์	ข
◌้	◌่	◌่	ช	◌ี	ส	ะ	ว	ศ	เ	ย	ป	ต	◌ี
า	ข	ล	◌ี	ข	ถ	ฝ	ห	ข	ะ	ไ	ม	ณ	อ
ว	ไ	น	น	ก	ไ	อ	◌ั	ล	ม	อ	น	ด	◌์
ส	แ	อ	ป	เ	ป	◌ิ	◌้	ล	บ	ษ	ข	ซ	ะ
า	ด	อ	ก	ท	า	น	ต	ะ	ว	◌ั	น	ย	ร
ล	ไ	อ	ช	◌็	อ	ค	โ	ก	แ	ล	ต	ช	ง
◌ี	ถ	ณ	ช	ไ	ร	ค	ญ	ผ	ะ	ฉ	ข	ฝ	ม

อาติโช๊ค
อัลมอนด์
ขึ้นฉ่าย
ข้าว
มะเขือ
เชอร์รี่
ช็อคโกแลต
ดอกทานตะวัน
ไข่
ขิง
กีวี่
แอปเปิ้ล
ขนมปัง
กล้วย
ไก่
ชีส
มะเขือเทศ
ข้าวสาลี
องุ่น
โยเกิร์ต

85 - Arte

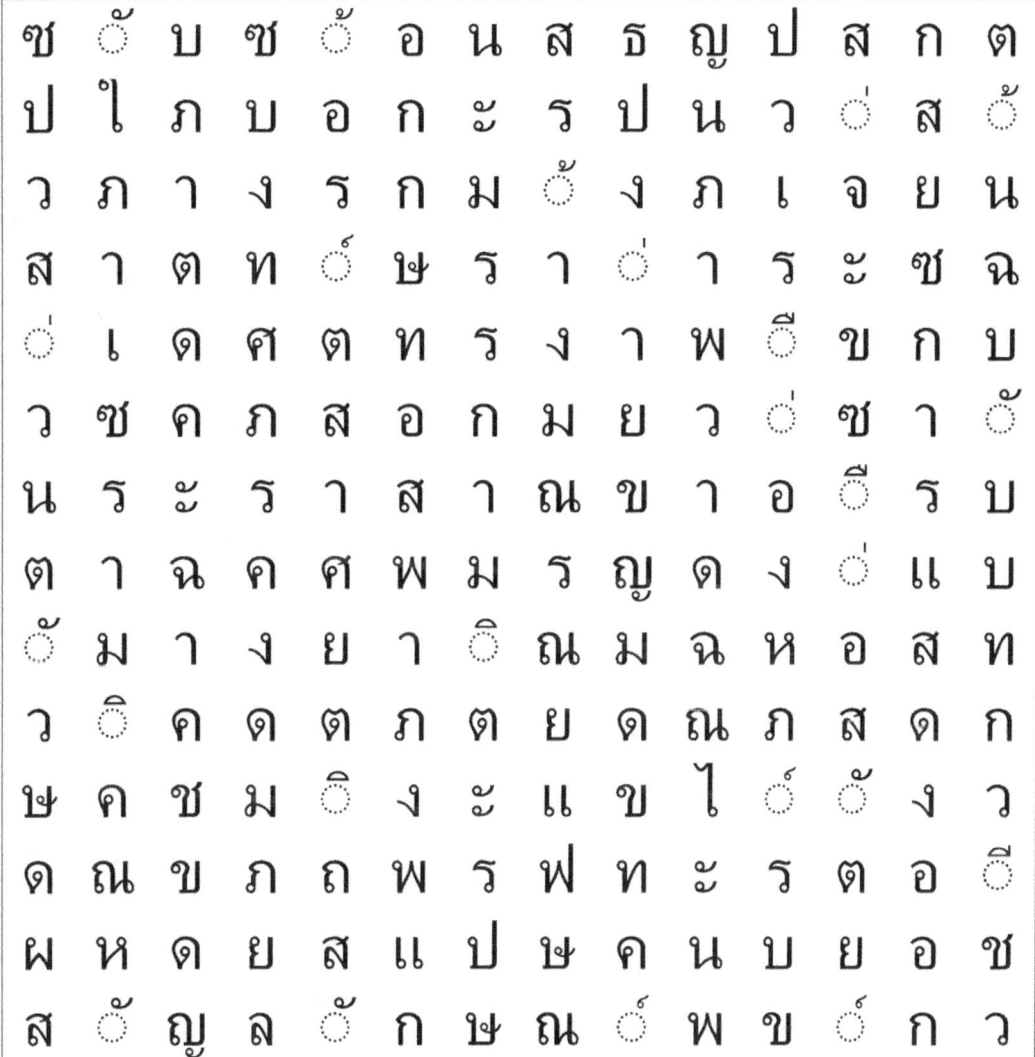

ซ	◌ั	บ	ซ	◌้	อ	น	ส	ธ	ญ	ป	ส	ก	ต
ป	ไ	ภ	บ	อ	ก	ะ	ร	ป	น	ว	◌่	ส	◌ั
ว	ภ	า	ง	ร	ก	ม	◌้	ง	ภ	เ	จ	ย	น
ส	า	ต	ท	◌์	ษ	ร	า	◌่	า	ร	ะ	ซ	ฉ
◌่	เ	ด	ศ	ต	ท	ร	ง	า	พ	◌ี	ข	ก	บ
ว	ซ	ค	ภ	ส	อ	ก	ม	ย	ว	◌่	ซ	า	◌ั
น	ร	ะ	ร	า	ส	า	ณ	ข	า	อ	◌ี	ร	บ
ต	า	ฉ	ค	ศ	พ	ม	ร	ญ	ด	ง	◌่	แ	บ
◌ั	ม	า	ง	ย	า	◌ิ	ณ	ม	ฉ	ห	อ	ส	ท
ว	◌ิ	ค	ด	ต	ภ	ต	ย	ด	ณ	ภ	ส	ด	ก
ษ	ค	ช	ม	◌ิ	ง	ะ	แ	ข	ไ	◌์	◌ั	ง	ว
ด	ณ	ข	ภ	ถ	พ	ร	ฟ	ท	ะ	ร	ต	อ	◌ี
ผ	ห	ด	ย	ส	แ	ป	ษ	ค	น	บ	ย	อ	ช
ส	◌ั	ญ	ล	◌ั	ก	ษ	ณ	◌์	พ	ข	◌์	ก	ว

เซรามิค
ซับซ้อน
ส่วนประกอบ
สร้าง
ประติมากรรม
การแสดงออก
ซื่อสัตย์
อารมณ์
ต้นฉบับ
ส่วนตัว
ภาพวาด
บทกวี
วาดภาพ
ง่าย
สัญลักษณ์
สถิตยศาสตร์
เรื่อง
ภาพ

86 - Diplomacia

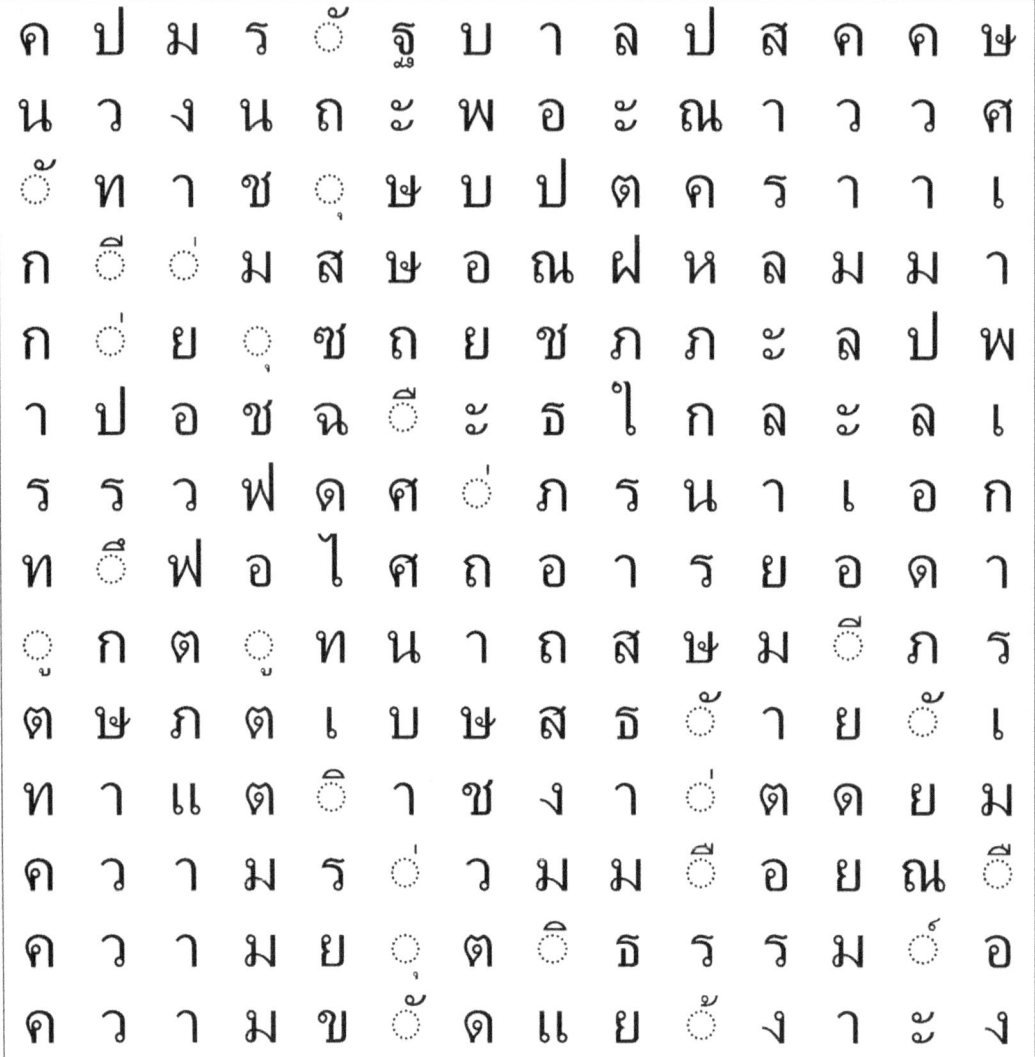

ค	ป	ม	ร	◌ั	ฐ	บ	า	ล	ป	ส	ค	ค	ษ
น	ว	ง	น	ถ	ะ	พ	อ	ะ	ณ	า	ว	ว	ศ
◌ั	ท	า	ช	◌ุ	ษ	บ	ป	ต	ค	ร	า	า	เ
ก	◌ี	◌่	ม	ส	ษ	อ	ณ	ฝ	ห	ล	ม	ม	า
ก	◌่	ย	◌ุ	ซ	ถ	ย	ช	ภ	ภ	ะ	ล	ป	พ
า	ป	อ	ช	ฉ	◌ี	ะ	ธ	ไ	ก	ล	ะ	ล	เ
ร	ร	ว	ฟ	ด	ศ	◌่	ภ	ร	น	า	เ	อ	ก
ท	◌ึ	ฟ	อ	ไ	ศ	ถ	อ	า	ร	ย	อ	ด	า
◌ู	ก	ต	◌ู	ท	น	า	ถ	ส	ษ	ม	◌ี	ภ	ร
ต	ษ	ภ	ต	เ	บ	ษ	ส	ธ	◌ั	า	ย	◌ั	เ
ท	า	แ	ต	◌ิ	า	ช	ง	า	◌่	ต	ด	ย	ม
ค	ว	า	ม	ร	◌่	ว	ม	ม	◌ื	อ	ย	ณ	◌ื
ค	ว	า	ม	ย	◌ุ	ต	◌ิ	ธ	ร	ร	ม	◌์	อ
ค	ว	า	ม	ข	◌ั	ด	แ	ย	◌้	ง	า	ะ	ง

ที่ปรึกษา
ชุมชน
ความขัดแย้ง
ความร่วมมือ
นักการทูต
อย่าง
สถานทูต
ต่างชาติ
รัฐบาล
มนุษยธรรม
ภาษา
ความซื่อสัตย์
ความยุติธรรม
การเมือง
ความละเอียด
ความปลอดภัย
สารละลาย

87 - Herboristería

จ	ต	ช	แ	ศ	ษ	ศ	ฝ	ย	ธ	ถ	ผ	โ	โ
เ	ม	◌็	ด	ย	◌ี	◌่	ห	ร	◌่	า	◌ั	ร	ห
ก	า	ร	ท	◌ำ	อ	า	ห	า	ร	ฉ	ก	ส	ร
ก	ร	ะ	เ	ท	◌ี	ย	ม	ก	ถ	า	ช	แ	ะ
ผ	◌ู	ท	า	ร	◌์	ร	า	ก	อ	น	◌ี	ม	พ
◌ั	ร	ล	ณ	ม	ไ	ห	ฉ	บ	ก	ฝ	ล	ร	า
ก	ษ	พ	ป	◌ิ	ว	ญ	อ	แ	ญ	ซ	า	◌ี	ไ
ช	ข	ฝ	จ	น	ว	ส	ม	ส	ผ	น	ว	◌่	ส
◌ี	ข	ห	อ	ต	ห	ญ	◌้	า	ฝ	ร	◌ั	◌่	น
ฝ	ฉ	า	เ	◌์	ร	อ	ด	เ	น	ว	เ	า	ล
ร	ล	ก	แ	ย	ม	า	ร	◌์	โ	จ	แ	ร	ม
◌ั	ไ	ล	ด	อ	ก	ไ	ม	◌้	เ	ข	◌ี	ย	ว
◌่	ค	◌ุ	ณ	ภ	า	พ	ร	ส	ช	า	ต	◌ิ	ฟ
ง	ห	อ	ม	ว	ฝ	ว	ร	ค	ผ	ด	จ	ม	ม

กระเทียม
โหระพา
หอม
หญ้าฝรั่น
คุณภาพ
การทำอาหาร
ผักชีลาว
ทาร์รากอน
ดอกไม้
เม็ดยี่หร่า
ส่วนผสม
สวน
ลาเวนเดอร์
มาร์โจแรม
มินต์
ผักชีฝรั่ง
ปลูก
โรสแมรี่
รสชาติ
เขียว

88 - Energía

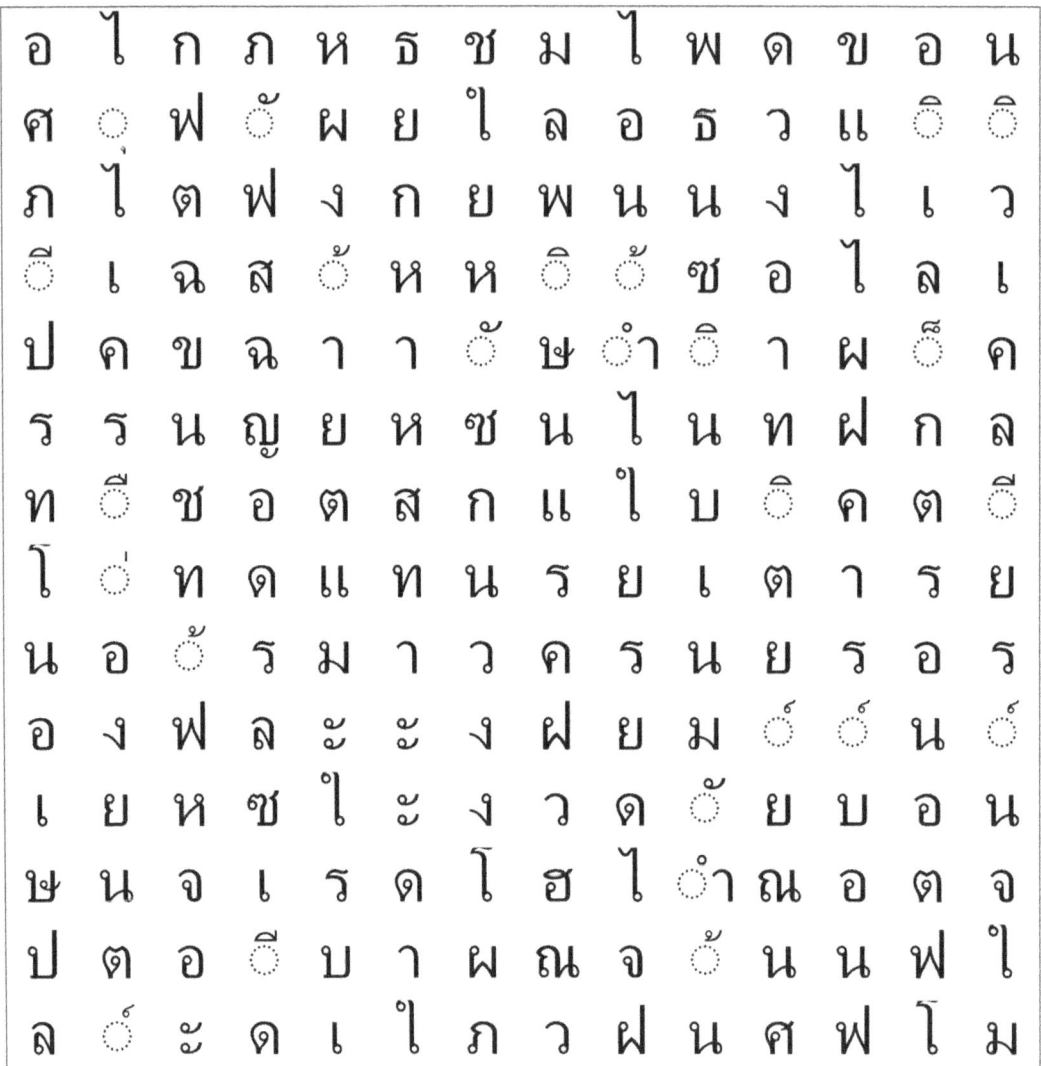

อ	ไ	ก	ภ	ห	ธ	ช	ม	ไ	พ	ด	ข	อ	น
ศ	◌ุ	ฟ	◌ั	ผ	ย	ใ	ล	อ	ธ	ว	แ	◌ิ	◌ิ
ภ	ไ	ต	ฟ	ง	ก	ย	พ	น	น	ง	ไ	เ	ว
◌ี	เ	ฉ	ส	◌ั	ห	ห	◌ิ	◌้	ซ	อ	ไ	ล	เ
ป	ค	ข	ฉ	า	า	◌ั	ษ	◌ำ	◌ิ	า	ผ	◌็	ค
ร	ร	น	ญ	ย	ห	ซ	น	ไ	น	ท	ฝ	ก	ล
ท	◌ี	ช	อ	ต	ส	ก	แ	ใ	บ	◌ิ	ค	ต	◌ี
โ	◌่	ท	ด	แ	ท	น	ร	ย	เ	ต	า	ร	ย
น	อ	◌้	ร	ม	า	ว	ค	ร	น	ย	ร	อ	ร
อ	ง	ฟ	ล	ะ	ะ	ง	ฝ	ย	ม	◌์	◌์	น	◌์
เ	ย	ห	ซ	ใ	ะ	ง	ว	ด	◌ั	ย	บ	อ	น
ษ	น	จ	เ	ร	ด	โ	ฮ	ไ	◌ำ	ณ	อ	ต	จ
ป	ต	อ	◌ี	บ	า	ผ	ณ	จ	◌้	น	น	ฟ	ไ
ล	◌์	ะ	ด	เ	ใ	ภ	ว	ฝ	น	ศ	ฟ	โ	ม

ความร้อน
คาร์บอน
มลพิษ
ดีเซล
อิเล็กตรอน
ไฟฟ้า
เอนโทรปี
โฟตอน
น้ำมันเบนซิน
ไฮโดรเจน
อุตสาหกรรม
เครื่องยนต์
นิวเคลียร์
ทดแทน
ดวงอาทิตย์
กังหัน
ไอน้ำ

89 - Insectos

ภ	ม	ต	◌ั	◌๊	ก	แ	ต	น	า	ส	ต	เ	ง
เ	ต	◌่	า	ท	อ	ง	ผ	◌ึ	◌้	ง	ณ	ห	ล
ภ	ก	ห	ก	ว	ล	ป	ฉ	ภ	ค	แ	น	◌็	ถ
ส	ไ	ศ	ง	แ	ม	ว	ร	ะ	ค	จ	ต	บ	ด
ฟ	น	จ	◌ั	◌่	ก	◌ั	จ	แ	ร	ภ	แ	น	◌้
น	เ	แ	ท	ผ	ธ	ส	ง	ห	น	อ	น	แ	ว
ต	พ	พ	า	ล	ห	บ	ไ	ะ	อ	ญ	ต	ม	ง
◌่	ล	ณ	ป	น	ธ	บ	ภ	ธ	อ	ภ	แ	ล	ส
อ	◌ี	ผ	◌ี	เ	ส	◌ื	◌้	อ	◌่	ย	ง	ง	ก
ป	◌้	ม	ส	ว	ม	ศ	ถ	ฝ	ว	◌ุ	ก	ส	ค
ง	ย	ด	ต	ย	ม	ไ	บ	อ	◌ั	ง	ญ	า	า
ล	ฉ	ค	อ	ห	ญ	ม	ถ	ด	ต	ไ	ฝ	บ	ย
ม	แ	ส	ค	ม	ฝ	ง	ค	ต	ค	น	ภ	ง	ญ
แ	ม	ภ	อ	เ	ไ	ค	ส	ญ	ป	ย	ศ	บ	ไ

ผึ้ง
ต่อ
แตน
เพลี้ย
จักจั่น
แมลงสาบ
ด้วง
หนอน
มด
ปาทังกา
ตัวอ่อน
แมลงปอ
กงแตนแตน
ผีเสื้อ
เต่าทอง
ยุง
มอด
เห็บ
ตั๊กแตน
ปลวก

90 - Especias

ม	อ	ห	ว	◌ั	ห	ภ	อ	า	จ	ฟ	น	โ	ว
ย	ท	ไ	ก	◌ิ	ร	พ	ถ	ก	ง	น	◌ั	ป	ธ
◌ี	ฝ	ษ	น	ธ	ส	ญ	ไ	◌้	แ	◌ิ	ท	◌๊	ช
ท	เ	ป	ร	◌ี	◌้	ย	ว	◌ิ	ฝ	ต	เ	ย	ะ
เ	ม	◌็	ด	ย	◌ี	◌่	ห	ร	◌่	า	ม	ก	เ
ะ	แ	ก	ง	ไ	ข	ณ	ณ	ป	บ	ช	◌็	◌ั	อ
ร	น	เ	ก	ล	◌ี	อ	อ	า	อ	ส	ก	◌๊	ม
ก	ว	น	◌ิ	ล	า	ศ	น	ป	ว	ร	ญ	ก	เ
ห	ญ	◌้	า	ฝ	ร	◌ั	◌่	น	า	ว	ห	ก	ท
ไ	ผ	ธ	ผ	ร	ฉ	อ	ข	อ	ป	ธ	ญ	า	ศ
ข	ย	ภ	เ	ก	เ	ท	บ	◌ิ	ะ	ษ	ห	น	ด
า	ม	ค	ไ	ฟ	ส	ผ	ภ	เ	ง	บ	ส	พ	ค
ผ	ง	ย	◌ี	◌่	ห	ร	◌่	า	ช	ง	ญ	◌ุ	ะ
ม	ษ	ร	ฝ	น	ศ	จ	เ	ณ	อ	ย	พ	ล	ญ

เปรี้ยว
กระเทียม
ขม
โป๊ยกั๊ก
หญ้าฝรั่น
คบเชย
หัวหอม
กานพูล
ผงยี่หร่า
แกง
หวาน
เม็ดยี่หร่า
ขิง
นัทเม็ก
ปาปริก้า
พริกไทย
ชะเอมเทศ
รสชาติ
เกลือ
วนิลา

91 - Emociones

ภ	ผ	เ	น	◌ื	◌้	อ	ห	า	เ	ต	ร	◌ั	ก
ผ	◌่	อ	น	ค	ล	า	ย	ค	ซ	◌ี	ก	จ	ส
ก	ค	น	ท	จ	า	ธ	จ	ว	อ	◌่	ต	ท	◌ั
ค	ล	ว	ศ	ฝ	น	ภ	น	า	ร	น	◌ั	ก	น
ว	ไ	◌ั	า	ป	ก	ถ	ษ	ม	◌์	เ	ญ	า	ต
า	ว	เ	ว	ม	ษ	ผ	เ	โ	ไ	ต	ญ	ร	◌ิ
ม	ซ	ณ	ไ	ฉ	เ	ศ	ต	ก	พ	◌้	◌ู	บ	ภ
เ	ฝ	ส	ว	า	ษ	ม	ข	ร	ร	น	ว	ร	า
ศ	ม	ล	ห	ส	ส	ฟ	ต	ธ	ส	ซ	ษ	ร	พ
ร	ส	ฟ	แ	ป	ณ	แ	ใ	ต	◌์	ร	บ	เ	ฉ
◌้	ศ	ห	ผ	ส	อ	ร	เ	แ	า	ต	จ	ท	ม
า	ภ	ก	◌่	บ	ง	ส	ม	า	ว	ค	ใ	า	ร
ช	ะ	อ	ว	ไ	ฝ	บ	ด	ณ	เ	จ	อ	ย	ะ
จ	ษ	ณ	ๆ	เ	บ	◌ี	◌่	อ	ส	ส	พ	ษ	แ

เบื่อ
กตัญญู
จอย
การบรรเทา
รัก
ความเมตตา
สงบ
เนื้อหา
ตื่นเต้น
ความโกรธ
กลัว
สันติภาพ
ผ่อนคลาย
พอใจ
เซอร์ไพรส์
แผ่วๆ
ความสงบ
ความเศร้า

92 - Universo

ฝ	น	ไ	ซ	ท	ก	แ	ห	ผ	เ	ร	ข	เ	ข
จ	◌ั	ศ	อ	◌้	า	ส	ช	เ	ส	ว	ษ	ศ	ข
แ	ย	ม	ด	อ	แ	ง	ร	ษ	◌้	ถ	า	พ	ย
ข	า	ว	◌ู	ง	ล	อ	◌์	ร	น	ก	ช	ล	ค
ม	อ	ฟ	ง	ฟ	ก	า	ท	จ	ศ	ล	ณ	ว	ว
จ	อ	บ	◌ั	◌้	ซ	ท	น	ค	◌ู	โ	ฝ	ไ	า
◌ั	ป	ง	ฟ	า	◌ี	◌ิ	◌ั	โ	น	ก	ศ	ศ	ม
ก	ก	ว	เ	◌้	◌่	ต	จ	ง	ย	◌ี	อ	เ	ม
ร	ฟ	แ	ห	ห	า	ย	ง	ว	◌์	ซ	ศ	ล	◌ี
ร	ญ	น	ย	น	◌็	◌์	ว	ฟ	ส	ผ	พ	พ	ด
า	ย	◌้	ถ	ด	พ	น	ด	จ	◌ู	◌ิ	ต	ะ	ล
ศ	ธ	ส	ร	ศ	ษ	ย	ไ	ย	ต	ล	ง	ซ	ค
◌ี	ศ	เ	ย	ไ	ร	ฟ	ด	ด	ร	ฟ	ม	บ	ถ
บ	ร	ร	ย	า	ก	า	ศ	ไ	◌้	ผ	ผ	ช	ห

บรรยากาศ
ท้องฟ้า
ฟังดู
เส้นศูนย์สูตร
กาแลกซี่
ซีกโลก
ขอบฟ้า
เอียง
ละติจูด
เส้นแวง
ดวงจันทร์
ความมืด
วงโคจร
แสงอาทิตย์
อายัน
มองเห็นได้
จักรราศี

93 - Jazz

พ	น	ป	◌ิ	ล	◌ิ	ศ	เ	ถ	ห	ภ	ธ	ง	ส
ป	ร	◌ั	ษ	ก	แ	ข	ท	ร	◌ู	ป	แ	บ	บ
ร	ง	ส	ก	ว	ก	ย	ค	จ	◌ั	ง	ห	ว	ะ
ะ	จ	ซ	ว	แ	◌่	ศ	น	น	ป	จ	อ	ร	ส
เ	ะ	ษ	จ	ร	ต	ย	◌ิ	เ	ส	ว	◌ั	า	◌่
ภ	ด	า	น	ผ	ร	◌่	ค	ณ	ค	เ	ล	ย	ว
ท	ว	น	บ	ย	ะ	ค	ง	น	ม	พ	บ	ก	น
ค	ง	น	ต	จ	ศ	แ	◌์	เ	ย	ล	◌ั	า	ป
ฟ	ด	ส	ช	ร	ข	ษ	ธ	ก	พ	ง	◌้	ร	ร
ไ	น	ช	พ	ต	◌ี	ข	ง	เ	ห	ล	ม	โ	ะ
ก	ต	ษ	ป	ว	ญ	ป	ไ	ห	ม	◌่	ง	ป	ก
ล	ร	ค	ว	า	ม	ส	◌ำ	ค	◌ั	ญ	จ	ร	อ
อ	◌ี	ค	อ	น	เ	ส	◌ิ	ร	◌์	ต	ร	ด	บ
ง	ศ	ท	ป	ฏ	◌ิ	ภ	า	ณ	โ	ว	ห	า	ร

ศิลปิน
อัลบั้ม
เพลง
ส่วนประกอบ
นักแต่งเพลง
คอนเสิร์ต
รูปแบบ
ความสำคัญ
รายการโปรด
ประเภท
ปฏิภาณโวหาร
ดนตรี
ใหม่
วงดนตรี
จังหวะ
พรสวรรค์
กลอง
เทคนิค
แก่

94 - Mediciones

แ	ข	ข	น	ผ	ค	น	ภ	ษ	ซ	ป	ฉ	ภ	เ
ผ	บ	ใ	ซ	ท	ว	◌ั้	ก	ร	◌ั	ม	แ	ไ	พ
อ	ต	◌ั	น	ใ	า	◌ำ	พ	ร	ท	ย	ว	บ	พ
ณ	อ	ล	ถ	ญ	ม	ห	ษ	ฟ	ส	ณ	◌้	ต	ส
ม	ฟ	น	ฟ	ส	ย	น	ห	ไ	ย	ม	◌ิ	◌์	พ
ร	ว	ญ	ซ	ห	า	◌ั	ก	◌ี	ท	า	น	ร	ศ
◌ั	ไ	ล	า	◌์	ว	ก	ท	ค	ศ	ล	◌ิ	ต	ร
ก	◌ิ	โ	ล	เ	ม	ต	ร	ว	น	ซ	ง	ม	ต
ล	◌ึ	ข	ค	ะ	ใ	ร	ร	า	◌ิ	ณ	พ	เ	ม
โ	ษ	ล	ซ	ป	ฝ	ต	ม	ม	ย	ค	า	◌ิ	เ
◌ิ	ซ	ณ	ม	บ	ษ	ว	า	ส	ม	ร	ท	ต	ธ
ก	ค	ว	ย	า	ศ	ง	อ	◌ู	า	ม	แ	น	ค
พ	ถ	า	อ	ค	ว	ญ	ษ	ง	บ	ใ	ฝ	ซ	ม
ล	ณ	ฝ	ว	ไ	ไ	ค	แ	ย	อ	บ	ส	เ	ผ

ความสูง
ไบต์
เซนติเมตร
ทศนิยม
องศา
กรัม
กิโลกรัม
กิโลเมตร
ลิตร

ความยาว
มวล
เมตร
นาที
ออนซ์
น้ำหนัก
ความลึก
นิ้ว
ตัน

95 - Barcos

ไ	เ	ป	ข	ก	ว	พ	ย	ค	ะ	ภ	ม	ล	เ
า	ก	ค	อ	ศ	ท	ช	ผ	ล	ภ	ป	จ	◌ู	ร
ง	ข	ร	ร	ซ	น	◌ี	จ	◌ี	ง	ส	ณ	ก	◌ี
ก	ต	ก	ก	◌ี	อ	ช	า	◌่	ซ	ย	เ	เ	อ
ท	ะ	เ	ล	ะ	◌่	◌ู	◌ู	น	ค	แ	ช	ร	ข
ณ	ข	จ	ล	ก	ฝ	อ	ถ	แ	ว	ธ	◌ี	◌ี	◌้
ณ	ฟ	ต	า	ะ	ด	◌ี	ง	บ	ญ	ผ	อ	อ	า
า	ซ	ฝ	ไ	ล	ว	ร	ฟ	ย	ก	พ	ก	ษ	ม
ง	ม	แ	า	า	ส	เ	พ	ม	น	ค	ช	เ	ฟ
ญ	ด	ภ	พ	ส	ค	ธ	ช	เ	ส	ต	ค	ร	า
ท	◌ุ	◌่	น	◌ี	ะ	า	ร	ซ	พ	ข	◌์	◌ี	ก
ท	ะ	เ	ล	ส	า	บ	ย	ษ	ษ	า	ม	อ	พ
ม	ห	า	ส	ม	◌ุ	ท	ร	◌ั	ก	ก	น	ไ	ญ
ส	ม	อ	แ	ม	◌่	น	◌้	◌ำ	ค	ต	ผ	บ	จ

สมอ
แพ
เรือชูชีพ
ทุ่น
แคนู
เชือก
เรือข้ามฟาก
คายัค
ทะเลสาบ
ทะเล
กะลาสี
เสา
เครื่องยนต์
มหาสมุทร
คลื่น
แม่น้ำ
ลูกเรือ
เรือใบ

96 - Antártida

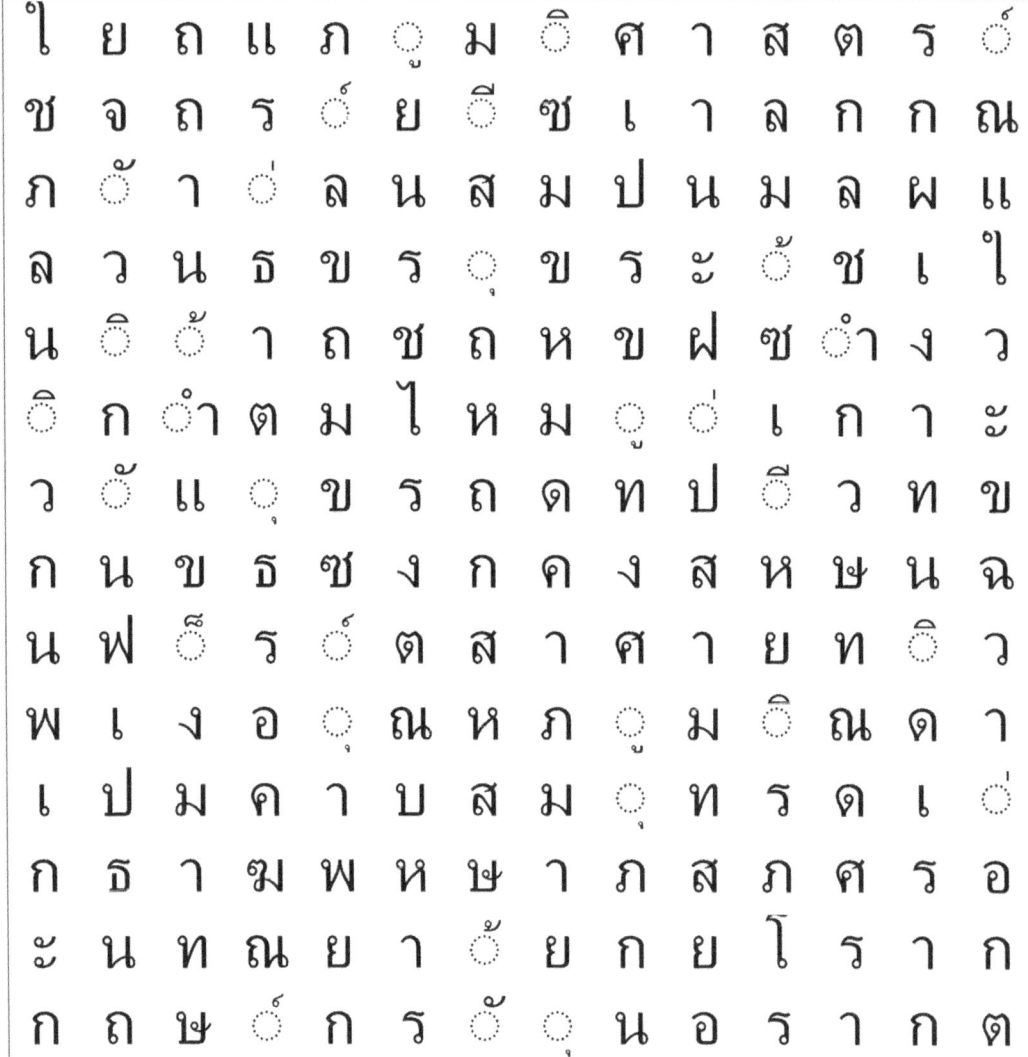

ไ	ย	ถ	แ	ภ	◌ู	ม	◌ิ	ศ	า	ส	ต	ร	◌์
ช	จ	ถ	ร	◌์	ย	◌ี	ซ	เ	า	ล	ก	ก	ณ
ภ	◌ั	า	◌่	ล	น	ส	ม	ป	น	ม	ล	ผ	แ
ล	ว	น	ธ	ข	ร	◌ุ	ข	ร	ะ	◌้	ช	เ	ไ
น	◌ิ	◌้	า	ถ	ช	ถ	ห	ข	ฝ	ซ	◌ำ	ง	ว
◌ิ	ก	◌ำ	ต	ม	ไ	ห	ม	◌ู	◌่	เ	ก	า	ะ
ว	◌ั	แ	◌ุ	ข	ร	ถ	ด	ท	ป	◌ี	ว	ท	ข
ก	น	ข	ธ	ซ	ง	ก	ค	ง	ส	ห	ษ	น	ฉ
น	ฟ	◌็	ร	◌์	ต	ส	า	ศ	า	ย	ท	◌ิ	ว
พ	เ	ง	อ	◌ุ	ณ	ห	ภ	◌ู	ม	◌ิ	ณ	ด	า
เ	ป	ม	ค	า	บ	ส	ม	◌ุ	ท	ร	ด	เ	◌่
ก	ธ	า	ฆ	พ	ห	ษ	า	ภ	ส	ภ	ศ	ร	อ
ะ	น	ท	ณ	ย	า	◌้	ย	ก	ย	โ	ร	า	ก
ก	ถ	ษ	◌์	ก	ร	◌ั	◌ุ	น	อ	ร	า	ก	ต

น้ำ
อ่าว
วิทยาศาสตร์
การอนุรักษ์
ทวีป
การเดินทาง
ภูมิศาสตร์
กลาเซียร์
น้ำแข็ง
นักวิจัย
หมู่เกาะ
การโยกย้าย
แร่ธาตุ
เมฆ
นก
คาบสมุทร
เพนกวิน
ขรุขระ
อุณหภูมิ

97 - Mamíferos

ค	จ	ศ	ฟ	ส	โ	เ	ะ	า	พ	ม	น	ซ	ภ
ศ	◌ิ	อ	ซ	ช	ค	ธ	ซ	◌่	ง	ร	แ	◌์	า
ข	ง	า	◌้	ช	โ	ม	ม	ป	ช	ห	ม	ก	น
ภ	โ	ไ	ฟ	ฉ	ย	า	ล	า	◌้	ม	◌้	อ	ะ
ค	จ	ศ	ศ	เ	ต	ล	ม	ม	ณ	ภ	า	◌็	ห
ธ	◌้	ษ	พ	อ	◌ี	ล	ร	ห	โ	ภ	ะ	ฟ	ไ
ย	จ	ะ	แ	ว	◌้	◌ิ	ถ	ฟ	ค	อ	ผ	ย	ท
ถ	ร	ถ	ไ	ง	ย	ร	ซ	ไ	เ	ค	ว	า	ฬ
ซ	ธ	แ	ฝ	ฐ	◌ู	อ	ง	ก	ล	า	ม	◌่	ท
ย	◌ี	ร	า	ฟ	ต	ก	ห	ม	◌ี	◌ิ	แ	ต	ญ
ส	ท	น	ห	ล	า	ไ	ต	ฝ	น	ฝ	ง	ะ	ล
จ	ผ	ะ	อ	ถ	ป	ล	า	โ	ล	ม	า	ร	า
ศ	ค	ถ	ร	แ	เ	ต	ภ	ภ	ย	ญ	ท	ก	ญ
ส	ฝ	ล	ณ	ฟ	ห	แ	ษ	ย	ว	ณ	บ	ฟ	ข

วาฬ
ลา
ม้า
อูฐ
จิงโจ้
ม้าลาย
กระต่าย
โคโยตี้
ปลาโลมา
ช้าง
แมว
กอริลลา
ยีราฟ
หมาป่า
ลิง
หมี
แกะ
หมา
โค
ฟ็อกซ์

98 - Boxeo

ท	ข	ค	โ	ถ	ุ	ง	ม	ื	อ	ก	ม	ท	ะ
ง	้	ข	า	ฟ	ข	ภ	ษ	ซ	เ	ำ	ุ	ก	ร
ไ	อ	ถ	ภ	ง	ก	ษ	ป	เ	ร	ป	ม	า	ข
ส	ศ	ศ	แ	ร	ง	ั	า	ส	็	ั	ม	ร	ย
ณ	อ	เ	ช	ื	อ	ก	ส	ค	ว	้	ร	ก	ง
ป	ก	ผ	ผ	ถ	เ	ะ	ธ	ู	ซ	น	ษ	ู	ภ
ะ	ณ	ส	ู	ั	ก	ั	น	่	ผ	ธ	ว	้	ง
บ	ก	อ	้	ภ	ย	ะ	ะ	แ	ไ	พ	พ	ค	ญ
ผ	า	ผ	ต	ค	อ	า	ษ	ข	ไ	ค	อ	ื	ช
ช	แ	อ	ั	ะ	่	อ	ก	่	ญ	ง	ก	น	น
ไ	ฝ	ไ	ด	แ	ี	ค	ั	ง	ศ	น	ช	ส	ญ
ร	ษ	ร	ส	น	น	า	ท	ฝ	า	า	พ	ข	ร
พ	ข	ว	ิ	น	ห	น	ล	ภ	า	่	ณ	ม	ถ
เ	ต	ะ	น	ภ	เ	ร	ะ	ฆ	ั	ง	ร	ค	า

ผู้ตัดสิน
คาง
ระฆัง
โฟกัส
ข้อศอก
เชือก
ร่างกาย
มุม
เหนื่อย
แรง
ถุงมือ
ทักษะ
นักสู้
คู่แข่ง
เตะ
คะแนน
กำปั้น
เร็ว
การกู้คืน

99 - Abejas

ร	บ	ฉ	ป	ส	แ	ฝ	◌ู	ง	ซ	ศ	จ	เ	ท
อ	า	ห	า	ร	ม	ย	ร	ง	ค	ช	บ	ป	ท
ม	พ	ช	ย	ข	ล	ค	ค	ฟ	ท	า	ฉ	◌็	ผ
ะ	◌ี	ด	ช	◌ี	ง	พ	ว	บ	ไ	◌ู	ย	น	ซ
ะ	ช	อ	ด	◌้	ผ	ฟ	ง	◌ี	น	ด	ณ	ป	ศ
ย	ข	ก	อ	ผ	◌ึ	พ	ซ	บ	น	ค	ะ	ร	ว
ณ	ล	◌ี	ก	◌ึ	◌้	ฝ	ค	ภ	ช	ด	ะ	ะ	เ
ผ	ฝ	ป	ไ	◌้	◌ำ	จ	ว	ฟ	ซ	ภ	ส	โ	◌ิ
ธ	ล	ท	ม	ง	◌้	ง	◌ั	ร	ผ	ต	บ	ย	น
น	ย	ไ	◌้	ก	น	ช	น	ต	ฝ	พ	ต	ช	บ
ส	ว	น	ม	ษ	ส	ฝ	ณ	ฉ	ร	น	ว	น	บ
ณ	อ	ส	ง	◌้	ช	ร	ม	า	ง	ห	ถ	◌์	ะ
ถ	ค	ว	า	ม	ห	ล	า	ก	ห	ล	า	ย	ร
ท	◌ี	◌่	อ	ย	◌ู	◌่	อ	า	ศ	◌ั	ย	ฟ	ด

ปีก
เป็นประโยชน์
ขี้ผึ้ง
รัง
อาหาร
ความหลากหลาย
ระบบนิเวศ
ฝูง
ดอก
ดอกไม้
ผลไม้
ที่อยู่อาศัย
ควัน
แมลง
สวน
น้ำผึ้ง
พืช
เรณู
ควีน

100 - Psicología

ป	น	ย	◌ี	ด	เ	อ	ไ	ก	ก	ฝ	ต	ถ	ฝ
ป	◌ั	ป	ษ	◌ิ	า	ค	ป	า	า	ก	ศ	ย	ไ
ร	ฝ	ญ	ไ	ค	ท	แ	พ	ร	ร	น	บ	า	ถ
ะ	ม	น	ห	ม	ต	อ	ซ	ร	บ	◌ึ	อ	ม	ไ
ส	า	จ	น	า	ไ	ไ	ค	◌ั	◌ำ	◌ำ	า	ห	บ
บ	ว	จ	ไ	ว	ฟ	ภ	ไ	บ	บ	ส	ร	ด	◌ุ
ก	ค	ว	เ	ค	น	ภ	จ	ร	◌ั	ต	ม	◌ั	ค
า	ห	ม	ด	ส	ต	◌ิ	ต	◌ู	ด	◌้	ณ	น	ล
ร	ค	ล	◌ิ	น	◌ิ	ก	ข	◌้	น	ไ	◌์	ร	◌ิ
ณ	ว	ล	พ	ธ	◌ิ	ท	◌ิ	อ	◌ั	ต	ต	า	ก
◌์	พ	ฤ	ต	◌ิ	ก	ร	ร	ม	พ	◌ิ	ห	ก	ภ
ว	◌ั	ย	เ	ด	◌็	ก	ผ	ด	ล	จ	ห	แ	า
ค	ว	า	ม	เ	ป	◌็	น	จ	ร	◌ิ	ง	ด	พ
ค	ว	า	ม	ข	◌ั	ด	แ	ย	◌้	ง	เ	ฝ	ศ

การนัดหมาย
คลินิก
พฤติกรรม
ความขัดแย้ง
อัตตา
อารมณ์
ประสบการณ์
ไอเดีย
หมดสติ
วัยเด็ก
อิทธิพล
ความคิด
การรับรู้
บุคลิกภาพ
ปัญหา
ความเป็นจริง
จิตใต้สำนึก
ความฝัน
การบำบัด

1 - Ajedrez

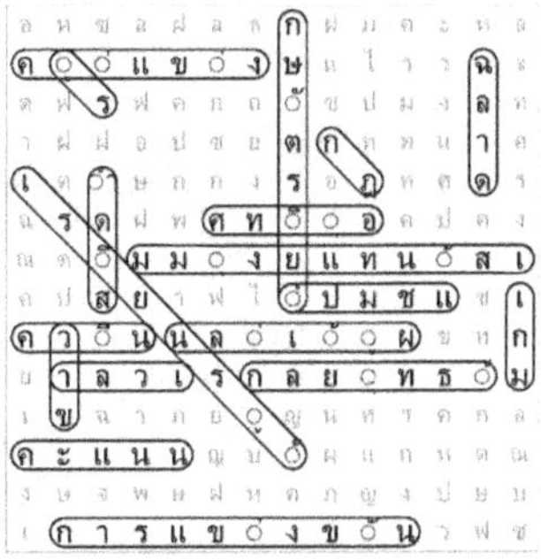

2 - Agua

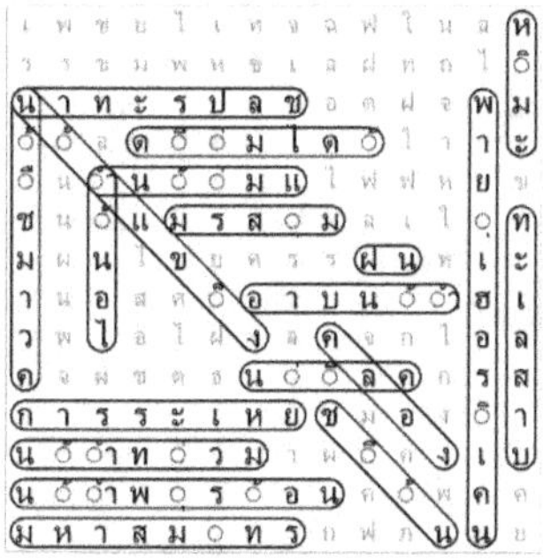

3 - Arqueología

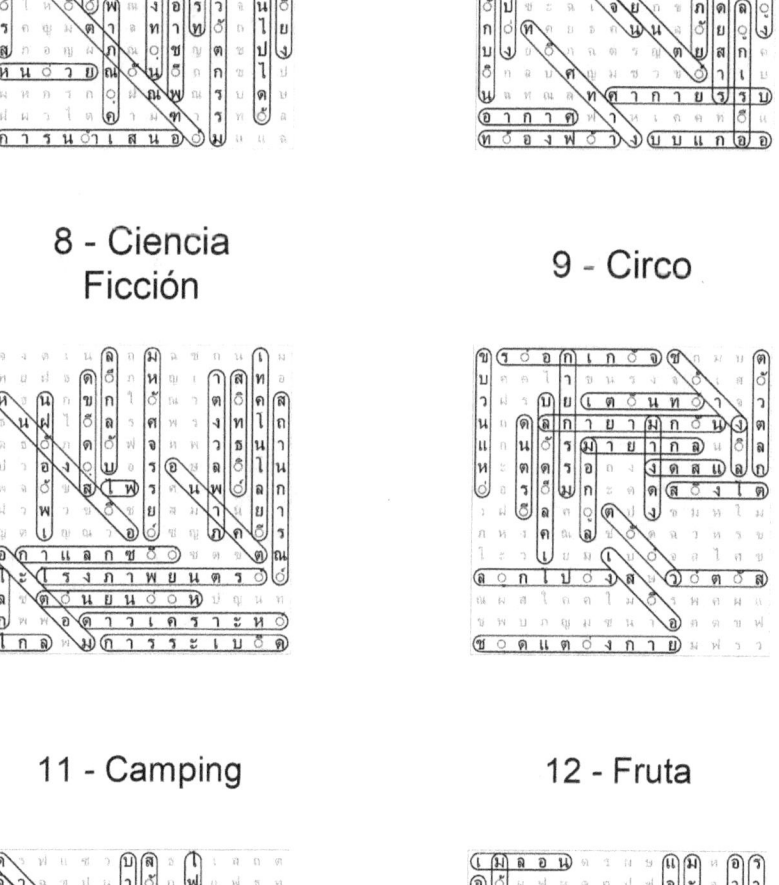

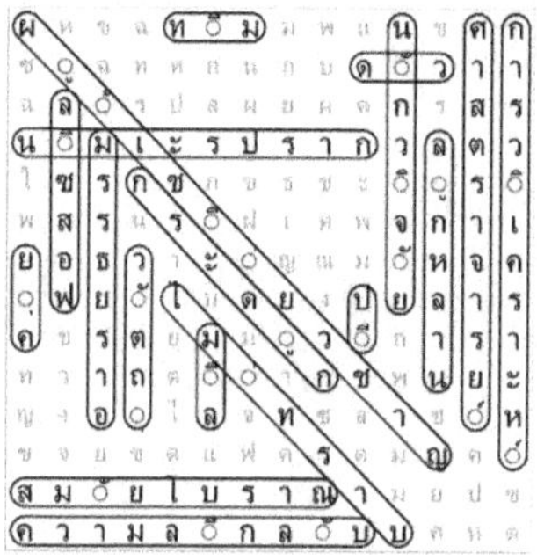

4 - Granja #2

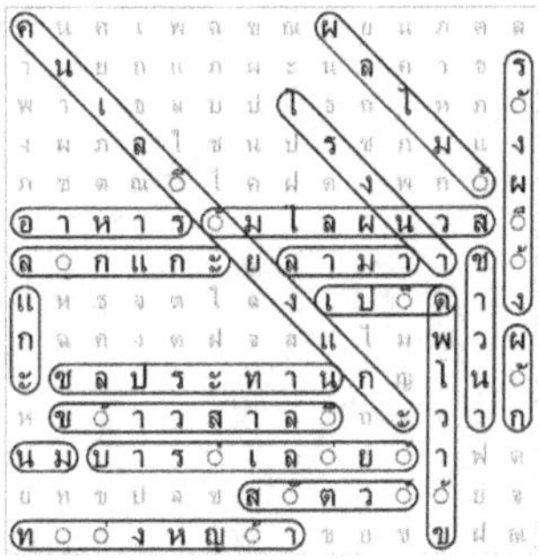

5 - La Empresa

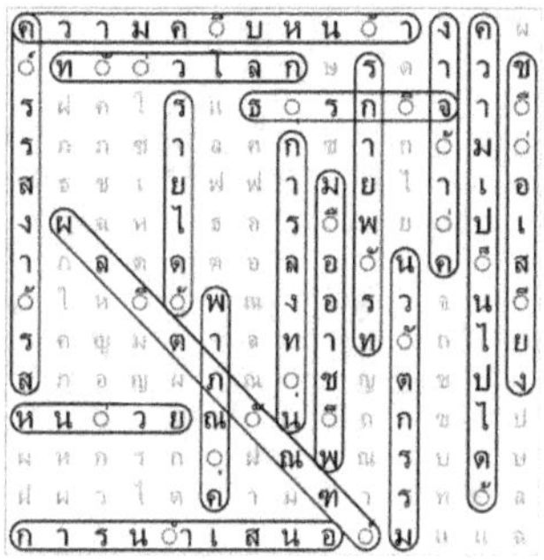

6 - Aviones

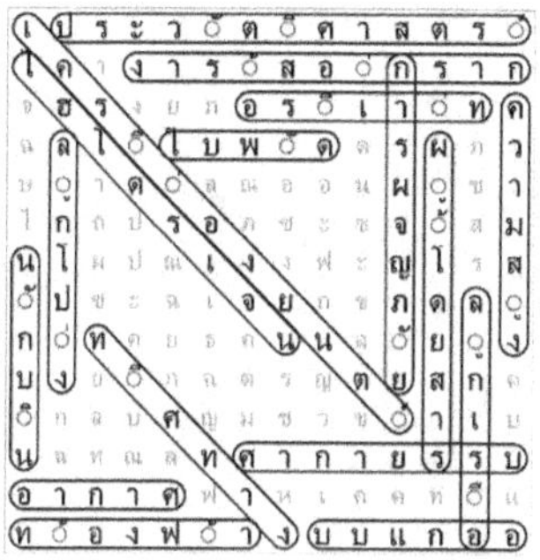

7 - Tipos de Cabello

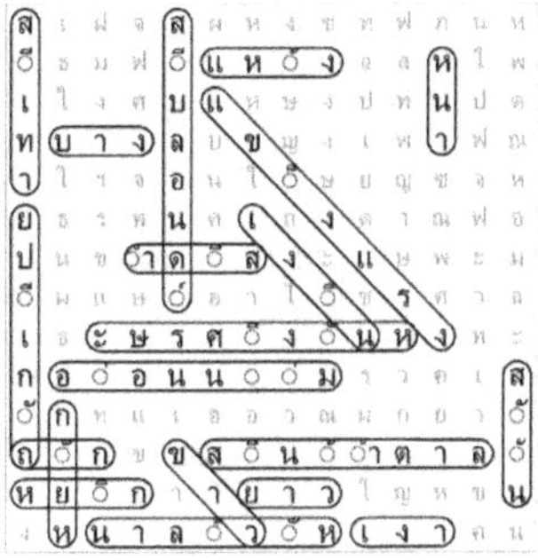

8 - Ciencia Ficción

9 - Circo

10 - Granja #1

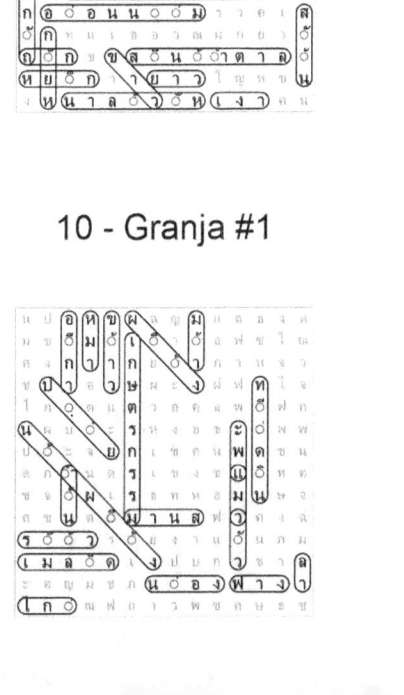

11 - Camping

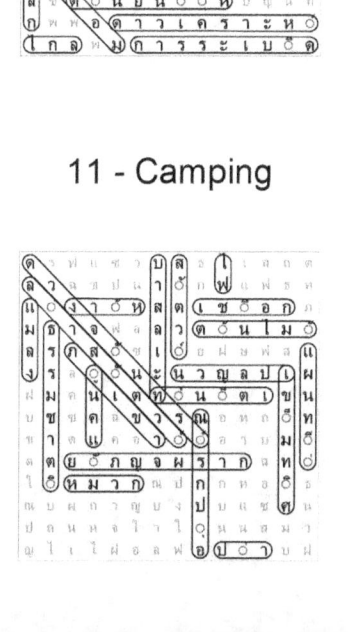

12 - Fruta

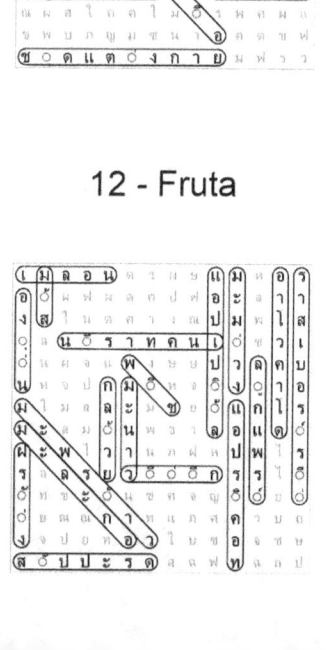

13 - Geología

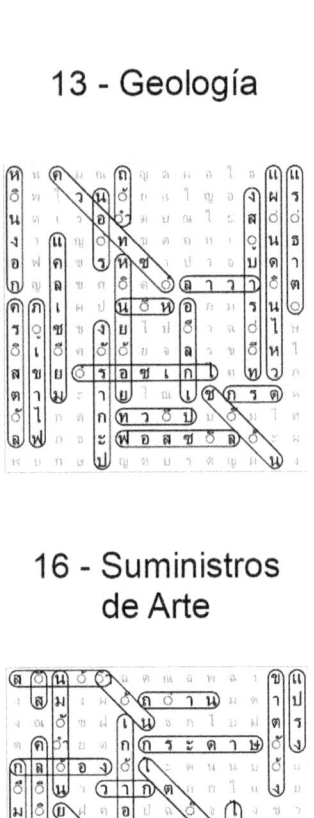

14 - Álgebra

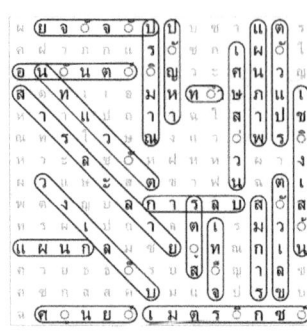

15 - Plantas

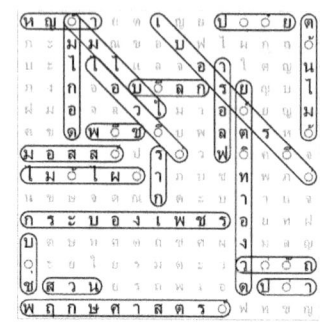

16 - Suministros de Arte

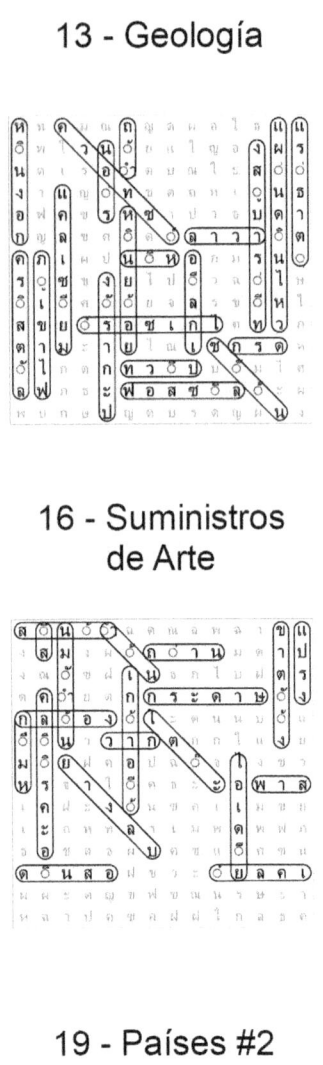

17 - Negocio

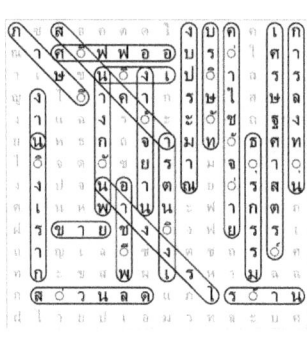

18 - Jardín

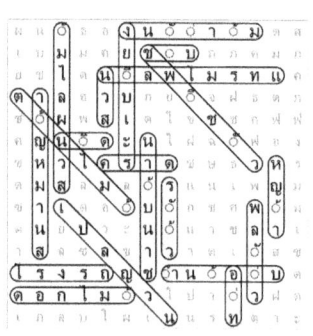

19 - Países #2

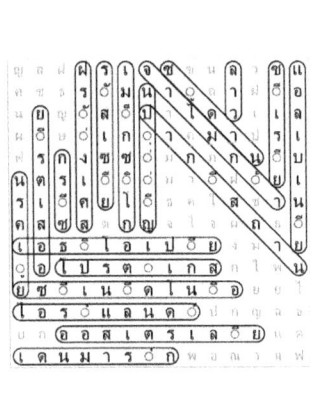

20 - Tecnología

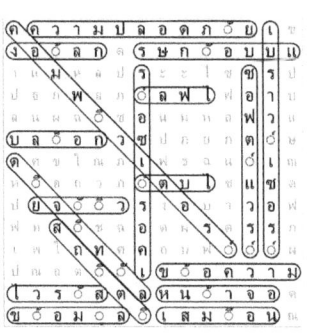

21 - Números

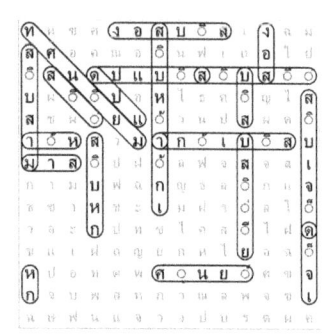

22 - Física

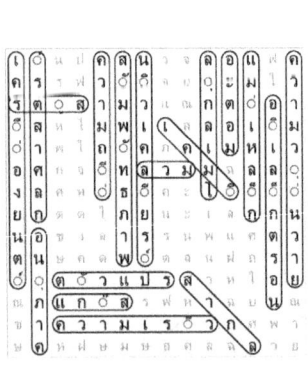

23 - Belleza

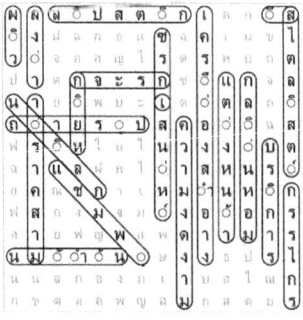

24 - Países #1

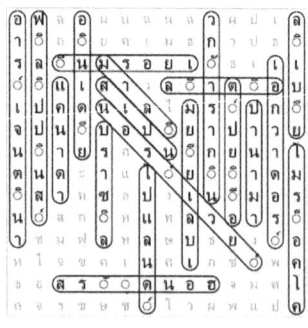

25 - Mitología

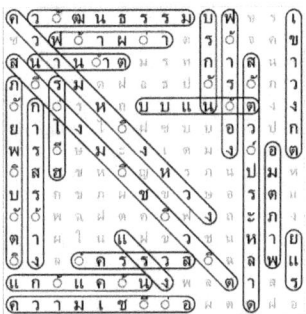

26 - Ecología

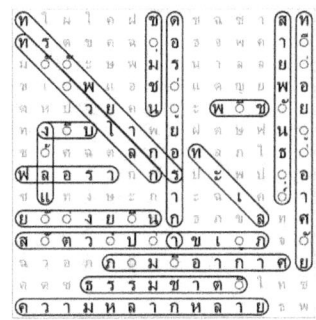

27 - Casa

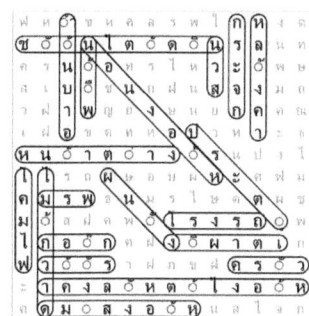

28 - Salud y Bienestar #2

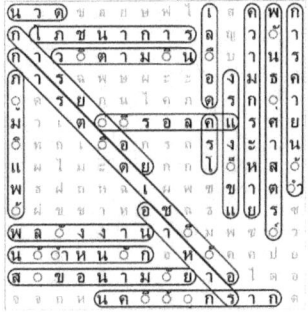

29 - Colores

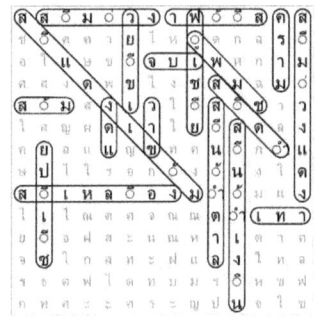

30 - Adjetivos #1

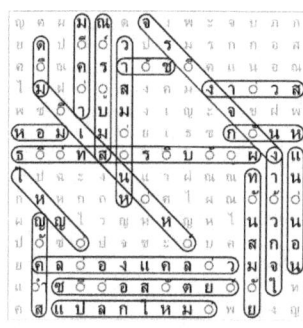

31 - Familia

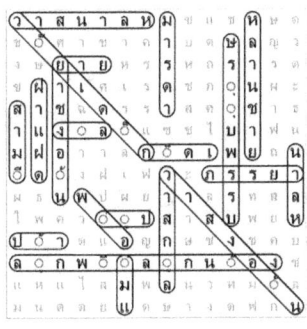

32 - Disciplinas Científicas

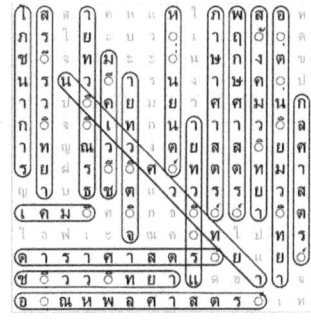

33 - Cocina

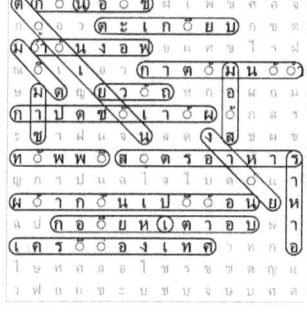

34 - Electricidad

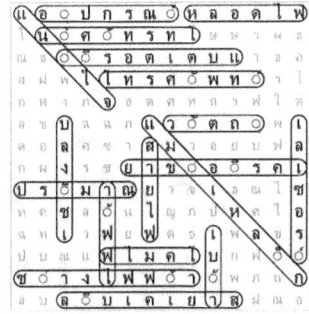

35 - Salud y Bienestar #1

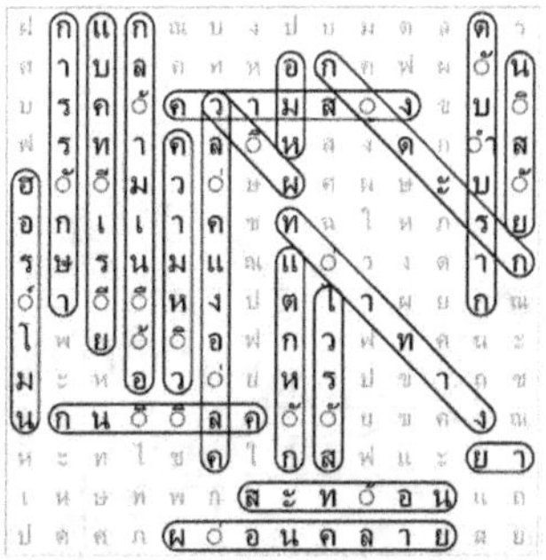

36 - Adjetivos #2

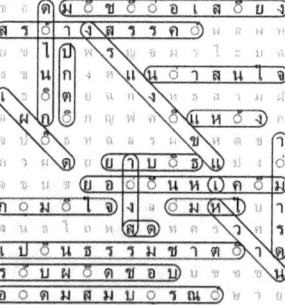

37 - Cuerpo Humano

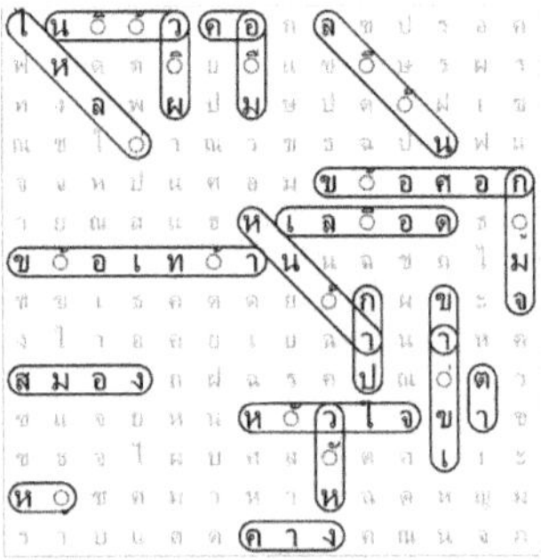

38 - Ciencia

39 - Restaurante #2

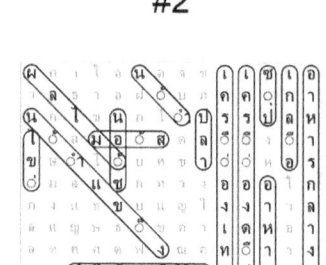

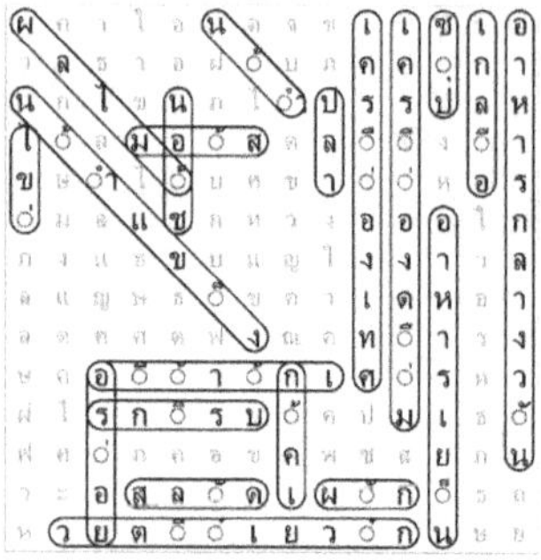

40 - Profesiones #1

41 - Vehículos

42 - Geometría

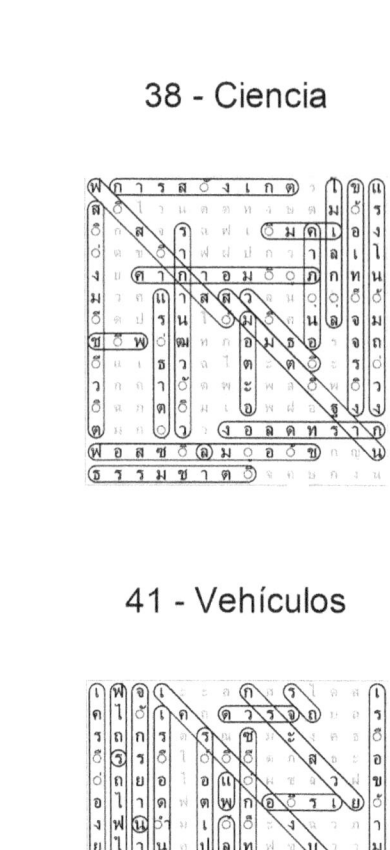
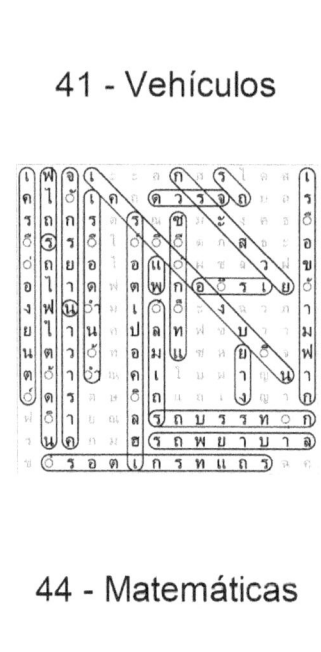
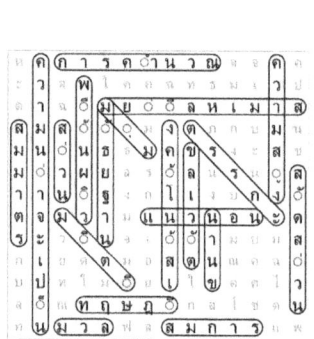

43 - Vacaciones #2

44 - Matemáticas

45 - Restaurante #1

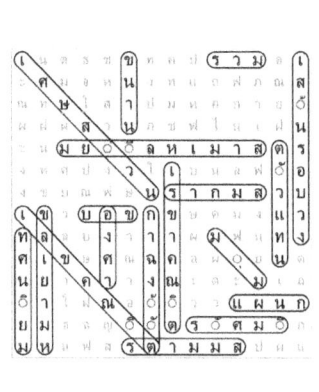
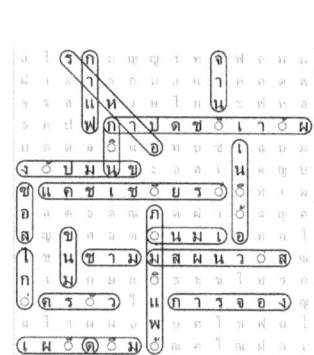

46 - Profesiones #2

47 - Naturaleza

48 - Conduciendo

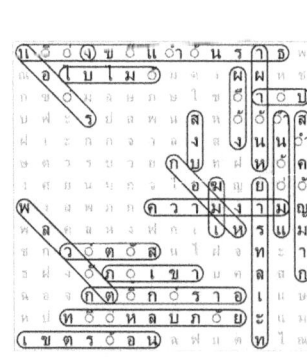
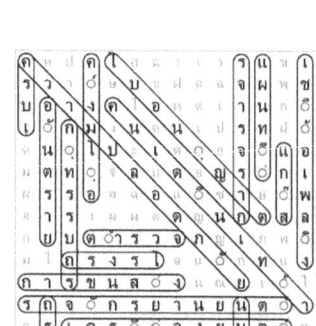
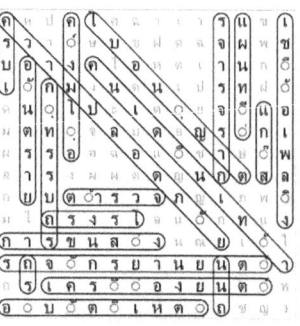

49 - Ballet

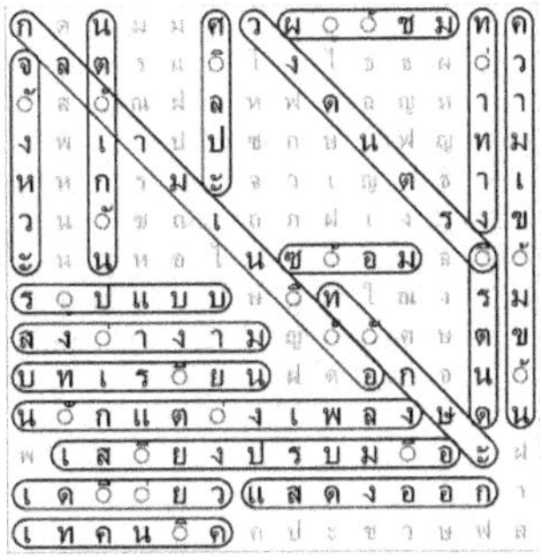

50 - Fuerza y Gravedad

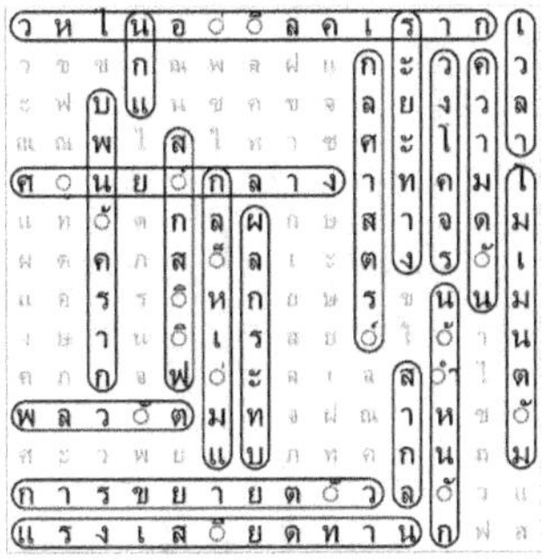

51 - Aventura

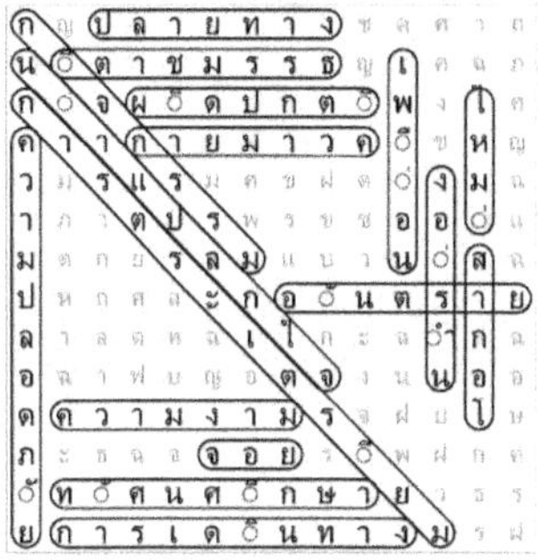

52 - Pájaros

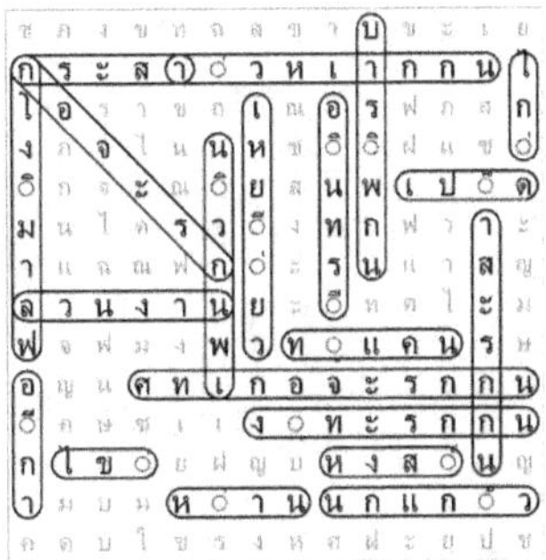

53 - Geografía

54 - Música

55 - Actividades

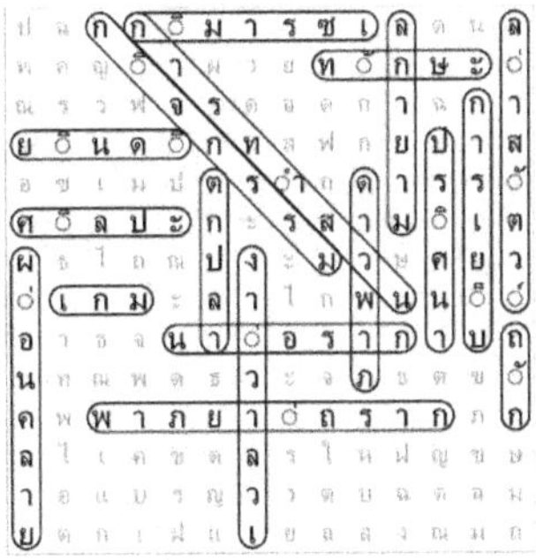

56 - Verduras

57 - Instrumentos Musicales

58 - Mascotas

59 - Flores

60 - Astronomía

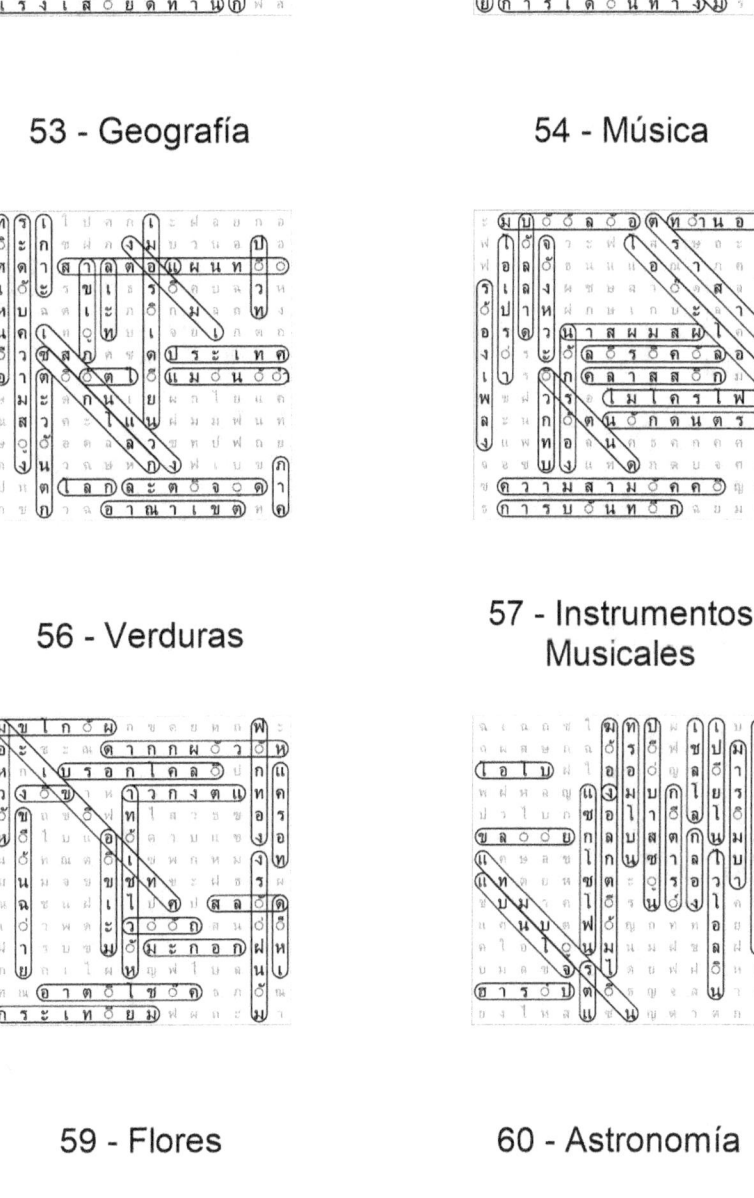
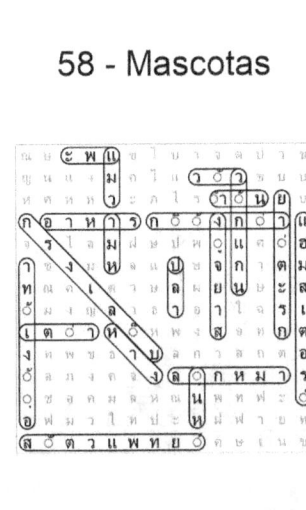
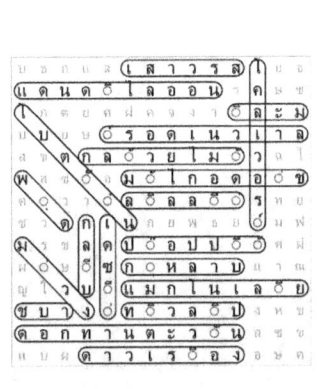
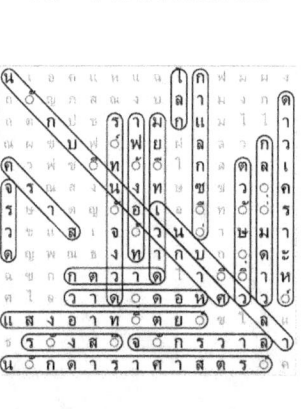

61 - Tiempo

62 - Paisajes

63 - Días y Meses

64 - Chocolate

65 - Barbacoas

66 - Ropa

67 - Meditación

68 - Café

69 - Libros

70 - Los Medios de Comunicación

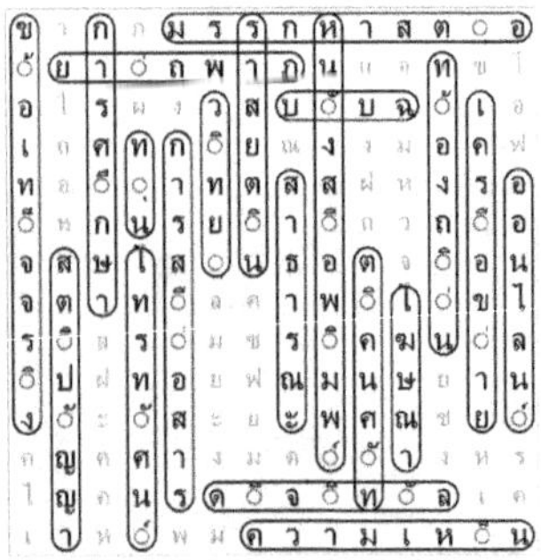

71 - Nutrición

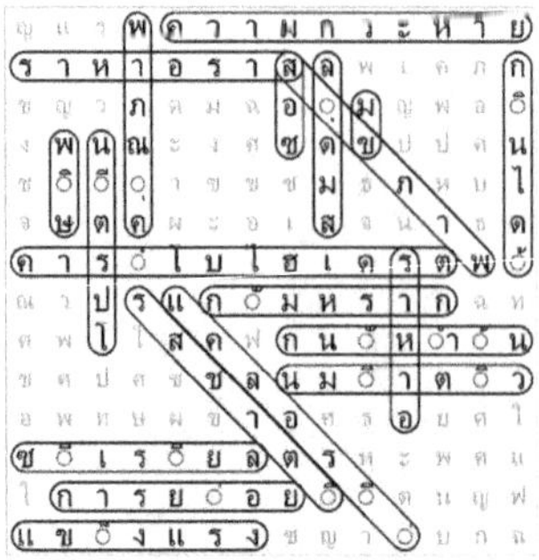

72 - Edificios

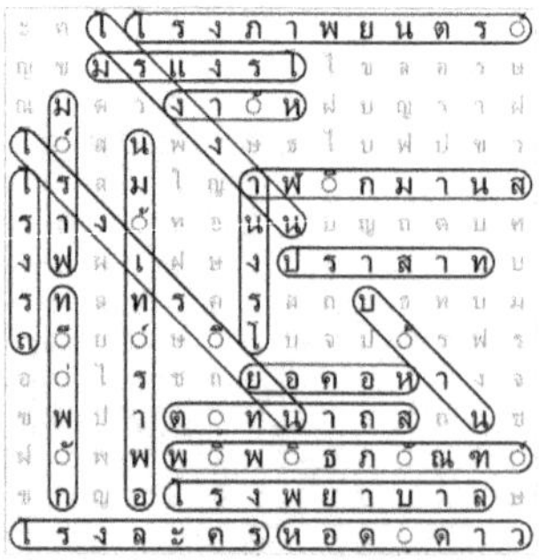

73 - Océano

74 - Ciudad

75 - Ingeniería

76 - Comida #1

77 - Antigüedades

78 - Literatura

79 - Química

80 - Gobierno

81 - Creatividad

82 - Filantropía

83 - Clima

84 - Comida #2

85 - Arte

86 - Diplomacia

87 - Herboristería

88 - Energía

89 - Insectos

90 - Especias

91 - Emociones

92 - Universo

93 - Jazz

94 - Mediciones

95 - Barcos

96 - Antártida

97 - Mamíferos

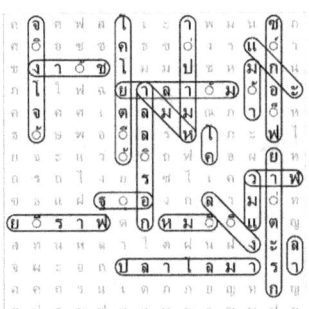

98 - Boxeo

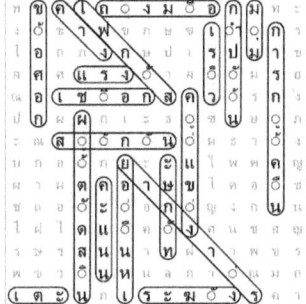

99 - Abejas

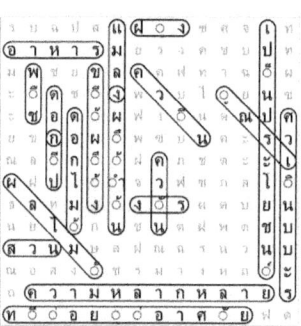

100 - Psicología

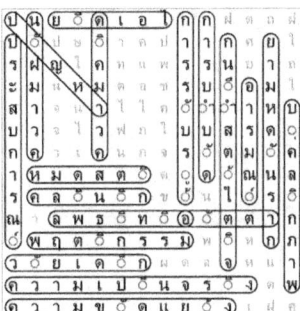

Diccionario

Abejas
ผึ้ง

Alas	ปีก
Beneficioso	เป็นประโยชน์
Cera	ขี้ผึ้ง
Colmena	รัง
Comida	อาหาร
Diversidad	ความหลากหลาย
Ecosistema	ระบบนิเวศ
Enjambre	ฝูง
Flor	ดอก
Flores	ดอกไม้
Fruta	ผลไม้
Hábitat	ที่อยู่อาศัย
Humo	ควัน
Insecto	แมลง
Jardín	สวน
Miel	น้ำผึ้ง
Plantas	พืช
Polen	เรณู
Reina	ควีน
Sol	ดวงอาทิตย์

Actividades
กิจกรรมต่างๆ

Actividad	กิจกรรม
Arte	ศิลปะ
Artesanía	งานฝีมือ
Caza	ล่าสัตว์
Cerámica	เซรามิก
Costura	การเย็บ
Fotografía	การถ่ายภาพ
Habilidad	ทักษะ
Jardinería	การทำสวน
Juegos	เกม
Lectura	การอ่าน
Magia	มายากล
Ocio	เวลาว่าง
Pesca	ตกปลา
Pintura	ภาพวาด
Placer	ยินดี
Relajación	ผ่อนคลาย
Rompecabezas	ปริศนา
Tejer	ถัก

Adjetivos #1
คำคุณศัพท์ #1

Absoluto	แน่นอน
Activo	คล่องแคล่ว
Ambicioso	ทะเยอทะยาน
Aromático	หอม
Atractivo	มีเสน่ห์
Brillante	สว่าง
Exótico	แปลกใหม่
Generoso	ใจกว้าง
Grande	ใหญ่
Honesto	ซื่อสัตย์
Importante	สำคัญ
Inocente	ผู้บริสุทธิ์
Joven	หนุ่มสาว
Lento	ช้า
Moderno	ทันสมัย
Oscuro	มืด
Perfecto	สมบูรณ์
Pesado	หนัก
Serio	จริงจัง
Valioso	มีค่า

Adjetivos #2
คำคุณศัพท์ #2

Cansado	เหนื่อย
Comestible	กินได้
Creativo	สร้างสรรค์
Descriptivo	อธิบาย
Dramático	ดราม่า
Dulce	หวาน
Elegante	สง่า
Famoso	มีชื่อเสียง
Fresco	สด
Interesante	น่าสนใจ
Natural	เป็นธรรมชาติ
Normal	ปกติ
Nuevo	ใหม่
Orgulloso	ภูมิใจ
Picante	เผ็ด
Productivo	อุดมสมบูรณ์
Responsable	รับผิดชอบ
Salado	เค็ม
Saludable	แข็งแรง
Seco	แห้ง

Agua
น้ำ

Canal	คลอง
Ducha	อาบน้ำ
Evaporación	การระเหย
Géiser	น้ำพุร้อน
Hielo	น้ำแข็ง
Humedad	ความชื้น
Huracán	พายุเฮอริเคน
Húmedo	ชื้น
Inundación	น้ำท่วม
Lago	ทะเลสาบ
Lluvia	ฝน
Monzón	มรสุม
Nieve	หิมะ
Océano	มหาสมุทร
Olas	คลื่น
Potable	ดื่มได้
Riego	ชลประทาน
Río	แม่น้ำ
Vapor	ไอน้ำ

Ajedrez
หมากรุก

Aprender	เรียนรู้
Blanco	ขาว
Campeón	แชมป์
Diagonal	เส้นทแยงมุม
Estrategia	กลยุทธ์
Inteligente	ฉลาด
Juego	เกม
Jugador	ผู้เล่น
Negro	สีดำ
Oponente	คู่แข่ง
Pasivo	รู
Puntos	คะแนน
Reglas	กฎ
Reina	ควีน
Rey	กษัตริย์
Sacrificio	อุทิศ
Tiempo	เวลา
Torneo	การแข่งขัน

Antártida
ทวีปแอนตาร์กติกา

Agua	น้ำ
Bahía	อ่าว
Científico	วิทยาศาสตร์
Conservación	การอนุรักษ์
Continente	ทวีป
Expedición	การเดินทาง
Geografía	ภูมิศาสตร์
Glaciares	กลาเซียร์
Hielo	น้ำแข็ง
Investigador	นักวิจัย
Islas	หมู่เกาะ
Migración	การโยกย้าย
Minerales	แร่ธาตุ
Nubes	เมฆ
Pájaros	นก
Península	คาบสมุทร
Pingüinos	เพนกวิน
Rocoso	ขรุขระ
Temperatura	อุณหภูมิ
Topografía	ภูมิประเทศ

Antigüedades
ของเก่า

Arte	ศิลปะ
Auténtico	แท้
Calidad	คุณภาพ
Condición	เงื่อนไข
Decorativo	ตกแต่ง
Décadas	ทศวรรษ
Elegante	สง่า
Escultura	ประติมากรรม
Estilo	รูปแบบ
Galería	แกลเลอรี่
Inusual	ผิดปกติ
Inversión	การลงทุน
Monedas	เหรียญ
Mueble	เฟอร์นิเจอร์
Precio	ราคา
Restauración	การฟื้นฟู
Siglo	ศตวรรษ
Subasta	ประมูล
Valor	ค่า
Viejo	แก่

Arqueología
โบราณคดี

Análisis	การวิเคราะห์
Antigüedad	สมัยโบราณ
Años	ปี
Civilización	อารยธรรม
Descendiente	ลูกหลาน
Desconocido	ไม่ทราบ
Equipo	ทีม
Era	ยุค
Evaluación	การประเมิน
Experto	ผู้เชี่ยวชาญ
Fósil	ฟอสซิล
Huesos	กระดูก
Investigador	นักวิจัย
Misterio	ความลึกลับ
Objetos	วัตถุ
Olvidado	ลืม
Profesor	ศาสตราจารย์
Reliquia	ของที่ระลึก
Templo	วัด
Tumba	หลุมฝังศพ

Arte
ศิลปะ

Cerámica	เซรามิค
Complejo	ซับซ้อน
Composición	ส่วนประกอบ
Crear	สร้าง
Escultura	ประติมากรรม
Expresión	การแสดงออก
Honesto	ซื่อสัตย์
Humor	อารมณ์
Original	ต้นฉบับ
Personal	ส่วนตัว
Pinturas	ภาพวาด
Poesía	บทกวี
Retratar	วาดภาพ
Sencillo	ง่าย
Símbolo	สัญลักษณ์
Surrealismo	สถิตยศาสตร์
Tema	เรื่อง
Visual	ภาพ

Astronomía
ดาราศาสตร์

Astronauta	นักบินอวกาศ
Astrónomo	นักดาราศาสตร์
Cielo	ท้องฟ้า
Cohete	จรวด
Constelación	กลุ่มดาว
Eclipse	คราส
Equinoccio	วิษุวัต
Galaxia	กาแลกซี่
Gravedad	แรงโน้มถ่วง
Luna	ดวงจันทร์
Meteoro	ดาวตก
Nebulosa	เนบิวลา
Observatorio	หอดูดาว
Planeta	ดาวเคราะห์
Radiación	รังสี
Satélite	ดาวเทียม
Solar	แสงอาทิตย์
Supernova	ซูเปอร์โนวา
Tierra	โลก
Universo	จักรวาล

Aventura
การผจญภัย

Actividad	กิจกรรม
Alegría	จอย
Amigos	เพื่อน
Belleza	ความงาม
Destino	ปลายทาง
Dificultad	ความยาก
Excursión	ทัศนศึกษา
Inusual	ผิดปกติ
Naturaleza	ธรรมชาติ
Navegación	นำร่อง
Nuevo	ใหม่
Oportunidad	โอกาส
Peligroso	อันตราย
Preparación	การตระเตรียม
Seguridad	ความปลอดภัย
Sorprendente	น่าแปลกใจ
Valentía	ความกล้าหาญ
Viajes	การเดินทาง

Aviones
เครื่องบิน

Aire	อากาศ
Altitud	ระดับความสูง
Altura	ความสูง
Aterrizaje	ท่าเรือ
Atmósfera	บรรยากาศ
Aventura	การผจญภัย
Cielo	ท้องฟ้า
Combustible	เชื้อเพลิง
Construcción	การก่อสร้าง
Dirección	ทิศทาง
Diseño	ออกแบบ
Globo	ลูกโป่ง
Hélices	ใบพัด
Hidrógeno	ไฮโดรเจน
Historia	ประวัติศาสตร์
Motor	เครื่องยนต์
Pasajero	ผู้โดยสาร
Piloto	นักบิน
Tripulación	ลูกเรือ
Turbulencia	ความปั่นป่วน

Álgebra
พีชคณิต

Cantidad	ปริมาณ
Cero	ศูนย์
Diagrama	แผนภาพ
División	แผนก
Ecuación	สมการ
Exponente	ตัวแทน
Factor	ปัจจัย
Falso	เท็จ
Fórmula	สูตร
Fracción	เศษส่วน
Infinito	อนันต์
Lineal	เชิงเส้น
Matriz	เมตริกซ์
Número	ตัวเลข
Paréntesis	วงเล็บ
Problema	ปัญหา
Resta	การลบ
Simplificar	ทำ
Solución	สารละลาย
Variable	ตัวแปร

Ballet
บัลเล่ต์

Agraciado	สง่างาม
Aplauso	เสียงปรบมือ
Artístico	ศิลปะ
Audiencia	ผู้ชม
Bailarines	นักเต้น
Compositor	นักแต่งเพลง
Ensayo	ซ้อม
Estilo	รูปแบบ
Expresivo	แสดงออก
Gesto	ท่าทาง
Habilidad	ทักษะ
Intensidad	ความเข้มข้น
Lecciones	บทเรียน
Músculos	กล้ามเนื้อ
Música	ดนตรี
Orquesta	วงดนตรี
Ritmo	จังหวะ
Solo	เดี่ยว
Técnica	เทคนิค

Barbacoas
บาร์บีคิว

Almuerzo	อาหารกลางวัน
Amigos	เพื่อน
Caliente	ร้อน
Cebollas	หัวหอม
Cena	อาหารเย็น
Cuchillos	มีด
Ensaladas	สลัด
Familia	ครอบครัว
Fruta	ผลไม้
Hambre	ความหิว
Juegos	เกม
Música	ดนตรี
Parrilla	ย่าง
Pimienta	พริกไทย
Pollo	ไก่
Sal	เกลือ
Salsa	ซอส
Tomates	มะเขือเทศ
Verano	ฤดูร้อน
Verduras	ผัก

Barcos
เรือ

Ancla	สมอ
Balsa	แพ
Bote Salvavidas	เรือชูชีพ
Boya	ทุ่น
Canoa	แคนู
Cuerda	เชือก
Ferry	เรือข้ามฟาก
Kayak	คายัค
Lago	ทะเลสาบ
Mar	ทะเล
Marinero	กะลาสี
Mástil	เสา
Motor	เครื่องยนต์
Océano	มหาสมุทร
Olas	คลื่น
Río	แม่น้ำ
Tripulación	ลูกเรือ
Velero	เรือใบ
Yate	เรือยอชท์

Belleza
ความงาม

Aceites	น้ำมัน
Aroma	กลิ่น
Champú	แชมพู
Color	สี
Cosméticos	เครื่องสำอาง
Elegancia	ความงดงาม
Elegante	สง่า
Encanto	เสน่ห์
Espejo	กระจก
Estilista	สไตลิสต์
Fotogénico	ถ่ายรูป
Fragancia	กลิ่นหอม
Gracia	เกรซ
Maquillaje	แต่งหน้า
Piel	ผิว
Pintalabios	ลิปสติก
Rizos	หยิก
Rímel	มาสคาร่า
Servicios	บริการ
Tijeras	กรรไกร

Boxeo
การต่อยมวย

Árbitro	ผู้ตัดสิน
Barbilla	คาง
Campana	ระฆัง
Centrar	โฟกัส
Codo	ข้อศอก
Cuerdas	เชือก
Cuerpo	ร่างกาย
Esquina	มุม
Exhausto	เหนื่อย
Fuerza	แรง
Guantes	ถุงมือ
Habilidad	ทักษะ
Luchador	นักสู้
Oponente	คู่แข่ง
Patear	เตะ
Puntos	คะแนน
Puño	กำปั้น
Rápido	เร็ว
Recuperación	การกู้คืน

Café
กาแฟ

Agua	น้ำ
Amargo	ขม
Aroma	กลิ่นหอม
Azúcar	น้ำตาล
Beber	ดื่ม
Bebida	เครื่องดื่ม
Cafeína	คาเฟอีน
Crema	ครีม
Filtro	กรอง
Leche	นม
Líquido	ของเหลว
Mañana	เช้า
Moler	บด
Negro	สีดำ
Origen	ที่มา
Precio	ราคา
Sabor	รสชาติ
Taza	ถ้วย
Variedad	ความหลากหลาย

Camping
ค่ายพักแรม

Animales	สัตว์
Aventura	การผจญภัย
Árboles	ต้นไม้
Bosque	ป่า
Brújula	เข็มทิศ
Cabina	ห้าง
Canoa	แคนู
Carpa	เต็นท์
Caza	ล่าสัตว์
Cuerda	เชือก
Equipo	อุปกรณ์
Fuego	ไฟ
Hamaca	เปลญวน
Insecto	แมลง
Lago	ทะเลสาบ
Luna	ดวงจันทร์
Mapa	แผนที่
Montaña	ภูเขา
Naturaleza	ธรรมชาติ
Sombrero	หมวก

Casa
บ้าน

Alfombra	พรม
Ático	ห้องใต้หลังคา
Biblioteca	ห้องสมุด
Chimenea	เตาผิง
Cocina	ครัว
Dormitorio	ห้องนอน
Ducha	อาบน้ำ
Escoba	ไม้กวาด
Espejo	กระจก
Garaje	โรงรถ
Grifo	ก๊อก
Jardín	สวน
Lámpara	โคมไฟ
Pared	ผนัง
Piso	พื้น
Puerta	ประตู
Sótano	ชั้นใต้ดิน
Techo	หลังคา
Valla	รั้ว
Ventana	หน้าต่าง

Chocolate
ช็อกโกแลต

Amargo	ขม
Aroma	กลิ่นหอม
Artesanal	ช่างฝีมือ
Azúcar	น้ำตาล
Cacahuetes	ถั่ว
Cacao	โกโก้
Calidad	คุณภาพ
Calorías	แคลอรี่
Caramelo	คาราเมล
Coco	มะพร้าว
Comer	กิน
Delicioso	อร่อย
Dulce	หวาน
Exótico	แปลกใหม่
Favorito	ที่ชื่นชอบ
Gusto	รส
Ingrediente	ส่วนผสม
Polvo	ผง
Receta	สูตรอาหาร
Sabor	รสชาติ

Ciencia
วิทยาศาสตร์

Átomo	อะตอม
Clima	ภูมิอากาศ
Datos	ข้อมูล
Evolución	วิวัฒนาการ
Experimento	การทดลอง
Física	ฟิสิกส์
Fósil	ฟอสซิล
Gravedad	แรงโน้มถ่วง
Hecho	ข้อเท็จจริง
Hipótesis	สมมติฐาน
Método	วิธี
Minerales	แร่ธาตุ
Moléculas	โมเลกุล
Naturaleza	ธรรมชาติ
Observación	การสังเกต
Organismo	สิ่งมีชีวิต
Partículas	อนุภาค
Plantas	พืช
Químico	เคมี

Ciencia Ficción
นิยายวิทยาศาสตร์

Atómico	อะตอม
Cine	โรงภาพยนตร์
Distante	ไกล
Escenario	สถานการณ์
Explosión	การระเบิด
Extremo	สุดขีด
Fantástico	มหัศจรรย์
Fuego	ไฟ
Futurista	อนาคต
Galaxia	กาแลกซี่
Ilusión	ภาพลวงตา
Imaginario	เพ้อฝัน
Libros	หนังสือ
Misterioso	ลึกลับ
Mundo	โลก
Oráculo	สิทธิ์
Planeta	ดาวเคราะห์
Robots	หุ่นยนต์
Tecnología	เทคโนโลยี
Utopía	ยูโทเปีย

Circo
ละครสัตว์

Acróbata	กายกรรม
Animales	สัตว์
Billete	ตั๋ว
Caramelo	ลูกอม
Carpa	เต็นท์
Desfile	ขบวนแห่
Elefante	ช้าง
Espectacular	งดงาม
Globos	ลูกโป่ง
León	สิงโต
Magia	มายากล
Mago	นักมายากล
Malabarista	จักเกอร์
Mono	ลิง
Mostrar	แสดง
Música	ดนตรี
Payaso	ตัวตลก
Tigre	เสือ
Traje	ชุดแต่งกาย
Truco	เคล็ดลับ

Ciudad
เมือง

Aeropuerto	สนามบิน
Banco	ธนาคาร
Biblioteca	ห้องสมุด
Cine	โรงภาพยนตร์
Clínica	คลินิก
Escuela	โรงเรียน
Estadio	สนามกีฬา
Farmacia	ร้านขายยา
Florista	ดอกไม้ดี
Galería	แกลเลอรี่
Hotel	โรงแรม
Librería	ร้านหนังสือ
Mercado	ตลาด
Museo	พิพิธภัณฑ์
Panadería	เบเกอรี่
Restaurante	ร้านอาหาร
Teatro	โรงละคร
Tienda	ร้าน
Universidad	มหาวิทยาลัย
Zoo	สวนสัตว์

Clima
สภาพอากาศ

Atmósfera	บรรยากาศ
Brisa	บรีซ
Cielo	ท้องฟ้า
Clima	สภาพอากาศ
Hielo	น้ำแข็ง
Huracán	พายุเฮอริเคน
Inundación	น้ำท่วม
Monzón	มรสุม
Niebla	หมอก
Nube	คลาวด์
Polar	โพลาร์
Rayo	ฟ้าผ่า
Seco	แห้ง
Sequía	แล้ง
Temperatura	อุณหภูมิ
Tormenta	พายุ
Tornado	พายุทอร์นาโด
Tropical	เขตร้อน
Trueno	ฟ้าร้อง
Viento	ลม

Cocina
ห้องครัว

Caldera	กาต้มน้ำ
Comer	กิน
Comida	อาหาร
Cucharas	ช้อน
Cucharón	ทัพพี
Cuchillos	มีด
Delantal	ผ้ากันเปื้อน
Especias	เครื่องเทศ
Esponja	ฟองน้ำ
Horno	เตาอบ
Jarra	เหยือก
Palillos	ตะเกียบ
Parrilla	ย่าง
Receta	สูตรอาหาร
Refrigerador	ตู้เย็น
Servilleta	ผ้าเช็ดปาก
Tazas	ถ้วย
Tazón	ชาม
Tenedores	ส้อม

Colores
สีสัน

Amarillo	สีเหลือง
Azul	สีน้ำเงิน
Azur	สีฟ้า
Beige	เบจ
Blanco	ขาว
Carmesí	สีแดงเข้ม
Fucsia	ฟูเชีย
Gris	เทา
Índigo	คราม
Magenta	สีม่วงแดง
Marrón	สีน้ำตาล
Naranja	ส้ม
Negro	สีดำ
Púrpura	สีม่วง
Rojo	แดง
Rosa	ชมพู
Sepia	ซีเปีย
Verde	เขียว

Comida #1
อาหาร #1

Ajo	กระเทียม
Albahaca	โหระพา
Atún	ทูน่า
Azúcar	น้ำตาล
Café	กาแฟ
Canela	อบเชย
Carne	เนื้อ
Cebada	บาร์เล่ย์
Cebolla	หัวหอม
Ensalada	สลัด
Espinacas	ผักโขม
Jugo	น้ำผลไม้
Leche	นม
Limón	มะนาว
Menta	มินต์
Nabo	หัวผักกาด
Pera	ลูกแพร์
Sal	เกลือ
Sopa	ซุป
Zanahoria	แครอท

Comida #2
อาหาร #2

Alcachofa	อาติโช๊ค
Almendra	อัลมอนด์
Apio	ขึ้นฉ่าย
Arroz	ข้าว
Berenjena	มะเขือ
Cereza	เชอร์รี่
Chocolate	ช็อคโกแลต
Girasol	ดอกทานตะวัน
Huevo	ไข่
Jengibre	ขิง
Kiwi	กีวี่
Manzana	แอปเปิ้ล
Pan	ขนมปัง
Plátano	กล้วย
Pollo	ไก่
Queso	ชีส
Tomate	มะเขือเทศ
Trigo	ข้าวสาลี
Uva	องุ่น
Yogur	โยเกิร์ต

Conduciendo
การขับรถ

Accidente	อุบัติเหตุ
Calle	ถนน
Camión	รถบรรทุก
Coche	รถ
Combustible	เชื้อเพลิง
Frenos	เบรค
Garaje	โรงรถ
Gas	แก๊ส
Licencia	ใบอนุญาต
Mapa	แผนที่
Motocicleta	รถจักรยานยนต์
Motor	เครื่องยนต์
Peatonal	คนเดินเท้า
Peligro	อันตราย
Policía	ตำรวจ
Seguridad	ความปลอดภัย
Transporte	การขนส่ง
Tráfico	การจราจร
Túnel	อุโมงค์
Velocidad	ความเร็ว

Creatividad
ความคิดสร้างสรรค์

Artístico	ศิลปะ
Autenticidad	แท้
Claridad	ความชัดเจน
Dramático	ดราม่า
Emociones	อารมณ์
Espontáneo	โดยธรรมชาติ
Expresión	การแสดงออก
Fluidez	ไหล
Habilidad	ทักษะ
Ideas	ไอเดีย
Imagen	ภาพ
Imaginación	จินตนาการ
Impresión	ความประทับใจ
Inspiración	แรงบันดาลใจ
Intensidad	ความเข้มข้น
Intuición	ปรีชา
Inventivo	ประดิษฐ์
Sentimientos	ความรู้สึก
Visiones	นิมิต
Vitalidad	พลัง

Cuerpo Humano
ร่างกายมนุษย์

Barbilla	คาง
Boca	ปาก
Cabeza	หัว
Cara	หน้า
Cerebro	สมอง
Codo	ข้อศอก
Corazón	หัวใจ
Cuello	คอ
Dedo	นิ้ว
Hombro	ไหล่
Lengua	ลิ้น
Mano	มือ
Nariz	จมูก
Ojo	ตา
Oreja	หู
Piel	ผิว
Pierna	ขา
Rodilla	เข่า
Sangre	เลือด
Tobillo	ข้อเท้า

Diplomacia
การทูต

Asesor	ที่ปรึกษา
Comunidad	ชุมชน
Conflicto	ความขัดแย้ง
Cooperación	ความร่วมมือ
Diplomático	นักการทูต
Discusión	อย่าง
Embajada	สถานทูต
Embajador	เอกอัครราชทูต
Extranjero	ต่างชาติ
Ética	จริยธรรม
Gobierno	รัฐบาล
Humanitario	มนุษยธรรม
Idiomas	ภาษา
Integridad	ความซื่อสัตย์
Justicia	ความยุติธรรม
Política	การเมือง
Resolución	ความละเอียด
Seguridad	ความปลอดภัย
Solución	สารละลาย
Tratado	สนธิสัญญา

Disciplinas Científicas
สาขาวิชาวิทยาศาสตร์

Arqueología	โบราณคดี
Astronomía	ดาราศาสตร์
Biología	ชีววิทยา
Bioquímica	ชีวเคมี
Botánica	พฤกษศาสตร์
Ecología	นิเวศวิทยา
Fisiología	สรีรวิทยา
Geología	ธรณีวิทยา
Lingüística	ภาษาศาสตร์
Mecánica	กลศาสตร์
Meteorología	อุตุนิยมวิทยา
Mineralogía	แร่วิทยา
Neurología	ประสาทวิทยา
Nutrición	โภชนาการ
Psicología	จิตวิทยา
Química	เคมี
Robótica	หุ่นยนต์
Sociología	สังคมวิทยา
Termodinámica	อุณหพลศาสตร์
Zoología	สัตววิทยา

Días y Meses
วันและเดือน

Abril	เมษายน
Agosto	สิงหาคม
Año	ปี
Calendario	ปฏิทิน
Domingo	วันอาทิตย์
Enero	มกราคม
Febrero	กุมภาพันธ์
Jueves	วันพฤหัสบดี
Julio	กรกฎาคม
Junio	มิถุนายน
Lunes	วันจันทร์
Martes	วันอังคาร
Mes	เดือน
Miércoles	วันพุธ
Noviembre	พฤศจิกายน
Octubre	ตุลาคม
Sábado	วันเสาร์
Semana	สัปดาห์
Septiembre	กันยายน
Viernes	วันศุกร์

Ecología
นิเวศวิทยา

Clima	ภูมิอากาศ
Comunidades	ชุมชน
Diversidad	ความหลากหลาย
Especie	สายพันธุ์
Fauna	สัตว์ป่า
Flora	ฟลอรา
Global	ทั่วโลก
Hábitat	ที่อยู่อาศัย
Marino	ทะเล
Montañas	ภูเขา
Natural	เป็นธรรมชาติ
Naturaleza	ธรรมชาติ
Pantano	บึง
Recursos	ทรัพยากร
Sequía	แล้ง
Sostenible	ยั่งยืน
Supervivencia	การอยู่รอด
Vegetación	พืช
Voluntarios	อาสาสมัคร

Edificios
สิ่งปลูกสร้าง

Albergue	ที่พัก
Apartamento	อพาร์ทเม้น
Cabina	ห้าง
Casa	บ้าน
Castillo	ปราสาท
Cine	โรงภาพยนตร์
Embajada	สถานทูต
Escuela	โรงเรียน
Estadio	สนามกีฬา
Fábrica	โรงงาน
Garaje	โรงรถ
Granero	โรงนา
Granja	ฟาร์ม
Hospital	โรงพยาบาล
Hotel	โรงแรม
Museo	พิพิธภัณฑ์
Observatorio	หอดูดาว
Teatro	โรงละคร
Torre	หอคอย
Universidad	มหาวิทยาลัย

Electricidad
ไฟฟ้า

Batería	แบตเตอรี่
Bombilla	หลอดไฟ
Cable	สายเคเบิล
Cables	สายไฟ
Cantidad	ปริมาณ
Electricista	ช่างไฟฟ้า
Eléctrico	ไฟฟ้า
Enchufe	เบ้า
Equipo	อุปกรณ์
Imán	แม่เหล็ก
Lámpara	โคมไฟ
Láser	เลเซอร์
Negativo	เชิงลบ
Objetos	วัตถุ
Positivo	แน่ใจ
Red	เครือข่าย
Televisión	โทรทัศน์
Teléfono	โทรศัพท์

Emociones
อารมณ์ความรู้สึก

Aburrimiento	เบื่อ
Agradecido	กตัญญู
Alegría	จอย
Alivio	การบรรเทา
Amor	รัก
Bondad	ความเมตตา
Calma	สงบ
Contenido	เนื้อหา
Emocionado	ตื่นเต้น
Ira	ความโกรธ
Miedo	กลัว
Paz	สันติภาพ
Relajado	ผ่อนคลาย
Satisfecho	พอใจ
Sorpresa	เซอร์ไพรส์
Ternura	แผ่วๆ
Tranquilidad	ความสงบ
Tristeza	ความเศร้า

Energía
พลังงาน

Batería	แบตเตอรี่
Calor	ความร้อน
Carbono	คาร์บอน
Combustible	เชื้อเพลิง
Contaminación	มลพิษ
Diesel	ดีเซล
Electrón	อิเล็กตรอน
Eléctrico	ไฟฟ้า
Entropía	เอนโทรปี
Fotón	โฟตอน
Gasolina	น้ำมันเบนซิน
Hidrógeno	ไฮโดรเจน
Industria	อุตสาหกรรม
Motor	เครื่องยนต์
Nuclear	นิวเคลียร์
Renovable	ทดแทน
Sol	ดวงอาทิตย์
Turbina	กังหัน
Vapor	ไอน้ำ
Viento	ลม

Especias
เครื่องเทศ

Agrio	เปรี้ยว
Ajo	กระเทียม
Amargo	ขม
Anís	โป๊ยกั๊ก
Azafrán	หญ้าฝรั่น
Canela	อบเชย
Cebolla	หัวหอม
Clavo	กานพลู
Comino	ผงยี่หร่า
Curry	แกง
Dulce	หวาน
Hinojo	เม็ดยี่หร่า
Jengibre	ขิง
Nuez Moscada	นัทเม็ก
Pimentón	ปาปริก้า
Pimienta	พริกไทย
Regaliz	ชะเอมเทศ
Sabor	รสชาติ
Sal	เกลือ
Vainilla	วนิลา

Familia
ครอบครัว

Abuela	ยาย
Abuelo	ปู่
Antepasado	บรรพบุรุษ
Esposa	ภรรยา
Gemelos	ฝาแฝด
Hermana	น้องสาว
Hermano	น้องชาย
Hija	ลูกสาว
Infancia	วัยเด็ก
Madre	แม่
Marido	สามี
Materno	มารดา
Nieto	หลาน
Niño	เด็ก
Padre	พ่อ
Primo	ลูกพี่ลูกน้อง
Sobrina	หลานสาว
Sobrino	หลานชาย
Tía	ป้า
Tío	ลุง

Filantropía
การกุศล

Caridad	การกุศล
Comunidad	ชุมชน
Contactos	ติดต่อ
Donar	บริจาค
Finanzas	การเงิน
Fondos	กองทุน
Generosidad	ความเอื้ออาทร
Gente	ผู้คน
Global	ทั่วโลก
Grupos	กลุ่ม
Historia	ประวัติศาสตร์
Honestidad	ความซื่อสัตย์
Humanidad	มนุษยชาติ
Juventud	เยาวชน
Metas	เป้าหมาย
Misión	ภารกิจ
Necesitar	ต้องการ
Programas	โปรแกรม
Público	สาธารณะ

Física
ฟิสิกส์

Átomo	อะตอม
Caos	ความวุ่นวาย
Densidad	ความหนาแน่น
Electrón	อิเล็กตรอน
Fórmula	สูตร
Frecuencia	ความถี่
Gas	แก๊ส
Gravedad	แรงโน้มถ่วง
Magnetismo	แม่เหล็ก
Masa	มวล
Mecánica	กลศาสตร์
Molécula	โมเลกุล
Motor	เครื่องยนต์
Nuclear	นิวเคลียร์
Partícula	อนุภาค
Químico	เคมี
Relatividad	สัมพัทธภาพ
Universal	สากล
Variable	ตัวแปร
Velocidad	ความเร็ว

Flores
ดอกไม้

Amapola	ป๊อปปี้
Caléndula	ดาวเรือง
Diente de León	แดนดิไลออน
Gardenia	พุด
Girasol	ดอกทานตะวัน
Hibisco	ชบา
Jazmín	มะลิ
Lavanda	ลาเวนเดอร์
Lila	ม่วง
Lirio	ลิลลี่
Magnolia	แมกโนเลีย
Margarita	เดซี่
Orquídea	กล้วยไม้
Pasionaria	เสาวรส
Peonía	โบตั๋น
Pétalo	กลีบ
Ramo	ช่อดอกไม้
Rosa	กุหลาบ
Trébol	โคลเวอร์
Tulipán	ทิวลิป

Fruta
ผลไม้

Aguacate	อาโวคาโด
Albaricoque	แอปริคอท
Baya	เบอร์รี่
Cereza	เชอร์รี่
Coco	มะพร้าว
Frambuesa	ราสเบอร์รี่
Guayaba	ฝรั่ง
Kiwi	กีวี่
Limón	มะนาว
Mango	มะม่วง
Manzana	แอปเปิ้ล
Melocotón	พีช
Melón	เมลอน
Naranja	ส้ม
Nectarina	เนคทารีน
Papaya	มะละกอ
Pera	ลูกแพร์
Piña	สัปปะรด
Plátano	กล้วย
Uva	องุ่น

Fuerza y Gravedad
แรงและแรงโน้มถ่วง

Centro	ศูนย์กลาง
Descubrimiento	การค้นพบ
Dinámico	พลวัต
Distancia	ระยะทาง
Eje	แกน
Expansión	การขยายตัว
Física	ฟิสิกส์
Fricción	แรงเสียดทาน
Impacto	ผลกระทบ
Impulso	โมเมนตัม
Magnetismo	แม่เหล็ก
Mecánica	กลศาสตร์
Movimiento	การเคลื่อนไหว
Órbita	วงโคจร
Peso	น้ำหนัก
Presión	ความดัน
Propiedades	คุณสมบัติ
Tiempo	เวลา
Universal	สากล
Velocidad	ความเร็ว

Geografía
ภูมิศาสตร์

Altitud	ระดับความสูง
Atlas	แอตลาส
Ciudad	เมือง
Continente	ทวีป
Hemisferio	ซีกโลก
Isla	เกาะ
Latitud	ละติจูด
Longitud	เส้นแวง
Mapa	แผนที่
Mar	ทะเล
Meridiano	เมอริเดียน
Montaña	ภูเขา
Mundo	โลก
Norte	ทิศเหนือ
Oeste	ตะวันตก
País	ประเทศ
Región	ภาค
Río	แม่น้ำ
Sur	ใต้
Territorio	อาณาเขต

Geología
ธรณีวิทยา

Ácido	กรด
Calcio	แคลเซียม
Capa	ชั้น
Caverna	ถ้ำ
Continente	ทวีป
Coral	ปะการัง
Cristales	คริสตัล
Cuarzo	ควอทซ์
Erosión	ร่อน
Estalactita	หินย้อย
Estalagmitas	หินงอก
Fósil	ฟอสซิล
Géiser	ไกเซอร์
Lava	ลาวา
Meseta	ที่ราบสูง
Minerales	แร่ธาตุ
Piedra	หิน
Sal	เกลือ
Terremoto	แผ่นดินไหว
Volcán	ภูเขาไฟ

Geometría
รูปทรงเรขาคณิต

Altura	ความสูง
Ángulo	มุม
Cálculo	การคำนวณ
Curva	เส้นโค้ง
Dimensión	มิติ
Ecuación	สมการ
Horizontal	แนวนอน
Lógica	ตรรกะ
Masa	มวล
Mediana	มัธยฐาน
Número	ตัวเลข
Paralelo	ขนาน
Probabilidad	ความน่าจะเป็น
Proporción	สัดส่วน
Segmento	ส่วน
Simetría	สมมาตร
Superficie	พื้นผิว
Teoría	ทฤษฎี
Triángulo	สามเหลี่ยม
Vertical	แนวตั้ง

Gobierno
รัฐบาล

Civil	พลเรือน
Constitución	รัฐธรรมนูญ
Democracia	ประชาธิปไตย
Derechos	สิทธิ
Discurso	คำพูด
Discusión	อย่าง
Distrito	เขต
Estado	รัฐ
Igualdad	ความเสมอภาค
Independencia	อิสระ
Judicial	ตุลาการ
Justicia	ความยุติธรรม
Ley	กฎหมาย
Libertad	เสรีภาพ
Líder	หัวหน้า
Monumento	อนุสาวรีย์
Nacional	ระดับชาติ
Nación	ประเทศ
Política	การเมือง
Símbolo	สัญลักษณ์

Granja #1
ฟาร์ม #1

Abeja	ผึ้ง
Agricultura	เกษตรกรรม
Agua	น้ำ
Arroz	ข้าว
Burro	ลา
Caballo	ม้า
Cabra	แพะ
Campo	สนาม
Cuervo	อีกา
Fertilizante	ปุ๋ย
Gato	แมว
Heno	ฟาง
Miel	น้ำผึ้ง
Perro	หมา
Pollo	ไก่
Semillas	เมล็ด
Ternero	น่อง
Tierra	ที่ดิน
Vaca	วัว
Valla	รั้ว

Granja #2
ฟาร์ม #2

Agricultor	ชาวนา
Animales	สัตว์
Cebada	บาร์เล่ย์
Colmena	รังผึ้ง
Comida	อาหาร
Cordero	ลูกแกะ
Fruta	ผลไม้
Granero	โรงนา
Huerto	สวนผลไม้
Leche	นม
Llama	ลามา
Maíz	ข้าวโพด
Oveja	แกะ
Pastor	คนเลี้ยงแกะ
Pato	เป็ด
Prado	ทุ่งหญ้า
Riego	ชลประทาน
Tractor	รถแทรกเตอร์
Trigo	ข้าวสาลี
Vegetal	ผัก

Herboristería
ยาสมุนไพร

Ajo	กระเทียม
Albahaca	โหระพา
Aromático	หอม
Azafrán	หญ้าฝรั่น
Calidad	คุณภาพ
Culinario	การทำอาหาร
Eneldo	ผักชีลาว
Estragón	ทาร์รากอน
Flor	ดอกไม้
Hinojo	เม็ดยี่หร่า
Ingrediente	ส่วนผสม
Jardín	สวน
Lavanda	ลาเวนเดอร์
Mejorana	มาร์โจแรม
Menta	มินต์
Perejil	ผักชีฝรั่ง
Planta	ปลูก
Romero	โรสแมรี่
Sabor	รสชาติ
Verde	เขียว

Ingeniería
วิศวกรรม

Ángulo	มุม
Cálculo	การคำนวณ
Construcción	การก่อสร้าง
Diagrama	แผนภาพ
Diesel	ดีเซล
Distribución	การกระจาย
Eje	แกน
Energía	พลังงาน
Estabilidad	ความมั่นคง
Estructura	โครงสร้าง
Fricción	แรงเสียดทาน
Fuerza	แรง
Líquido	ของเหลว
Máquina	เครื่องจักร
Medición	การวัด
Motor	เครื่องยนต์
Movimiento	การเคลื่อนไหว
Palancas	คันโยก
Profundidad	ความลึก
Propulsión	แรงขับ

Insectos
แมลง

Abeja	ผึ้ง
Avispa	ต่อ
Avispón	แตน
Áfido	เพลี้ย
Cigarra	จักจั่น
Cucaracha	แมลงสาบ
Escarabajo	ด้วง
Gusano	หนอน
Hormiga	มด
Langosta	ปาทังกา
Larva	ตัวอ่อน
Libélula	แมลงปอ
Mantis	กงแตนแตน
Mariposa	ผีเสื้อ
Mariquita	เต่าทอง
Mosquito	ยุง
Polilla	มอด
Pulga	เห็บ
Saltamontes	ตั๊กแตน
Termita	ปลวก

Instrumentos Musicales
เครื่องดนตรี

Armónica	ฮาร์โมนิก้า
Arpa	ฮาร์ป
Banjo	แบนโจ
Baquetas	ไม้ตีกลอง
Clarinete	คลาริเน็ต
Fagot	ปี่บาสซูน
Flauta	ขลุ่ย
Gong	ฆ้อง
Guitarra	กีตาร์
Mandolina	แมนโดลิน
Marimba	มาริมบา
Oboe	โอโบ
Pandereta	แทมบูรีน
Piano	เปียโน
Saxofón	แซกโซโฟน
Tambor	กลอง
Trombón	ทรอมโบน
Trompeta	แตร
Violín	ไวโอลิน
Violonchelo	เชลโล

Jardín
สวนหย่อม

Arbusto	บุช
Árbol	ต้นไม้
Banco	ม้านั่ง
Césped	สนามหญ้า
Estanque	บ่อน้ำ
Flor	ดอกไม้
Garaje	โรงรถ
Hamaca	เปลญวน
Hierba	หญ้า
Huerto	สวนผลไม้
Jardín	สวน
Malezas	วัชพืช
Manguera	ท่อ
Pala	พลั่ว
Porche	ระเบียง
Rastrillo	คราด
Suelo	ดิน
Terraza	ชานบ้าน
Trampolín	แทรมโพลีน
Valla	รั้ว

Jazz
แจ๊ส

Artista	ศิลปิน
Álbum	อัลบั้ม
Canción	เพลง
Composición	ส่วนประกอบ
Compositor	นักแต่งเพลง
Concierto	คอนเสิร์ต
Estilo	รูปแบบ
Énfasis	ความสำคัญ
Famoso	มีชื่อเสียง
Favoritos	รายการโปรด
Género	ประเภท
Improvisación	ปฏิภาณโวหาร
Música	ดนตรี
Nuevo	ใหม่
Orquesta	วงดนตรี
Ritmo	จังหวะ
Talento	พรสวรรค์
Tambores	กลอง
Técnica	เทคนิค
Viejo	แก่

La Empresa
บริษัท

Calidad	คุณภาพ
Creativo	สร้างสรรค์
Decisión	การตัดสินใจ
Empleo	การจ้างงาน
Global	ทั่วโลก
Industria	อุตสาหกรรม
Ingresos	รายได้
Innovador	นวัตกรรม
Inversión	การลงทุน
Negocio	ธุรกิจ
Posibilidad	ความเป็นไปได้
Presentación	การนำเสนอ
Producto	ผลิตภัณฑ์
Profesional	มืออาชีพ
Progreso	ความคืบหน้า
Recursos	ทรัพยากร
Reputación	ชื่อเสียง
Riesgos	ความเสี่ยง
Salarios	ค่าจ้าง
Unidades	หน่วย

Libros
หนังสือ

Autor	ผู้เขียน
Aventura	การผจญภัย
Colección	ชุด
Contexto	บริบท
Dualidad	ความเป็นคู่
Escrito	เขียน
Historia	เรื่องราว
Histórico	ประวัติศาสตร์
Humorístico	ตลก
Inventivo	ประดิษฐ์
Lector	ผู้อ่าน
Literario	วรรณกรรม
Narrador	ผู้บรรยาย
Novela	นิยาย
Palabras	คำ
Página	หน้า
Pertinente	ที่เกี่ยวข้อง
Poema	กลอน
Poesía	บทกวี
Trágico	อนาถ

Literatura
วรรณกรรม

Analogía	อะนาล็อก
Análisis	การวิเคราะห์
Autor	ผู้เขียน
Biografía	ชีวประวัติ
Conclusión	บทสรุป
Descripción	ลักษณะ
Diálogo	บทพูด
Estilo	รูปแบบ
Género	ประเภท
Metáfora	คำอุปมา
Narrador	ผู้บรรยาย
Narrativa	เรื่องเล่า
Novela	นิยาย
Opinión	ความเห็น
Poema	กลอน
Poético	บทกวี
Rima	สัมผัส
Ritmo	จังหวะ
Tema	ธีม
Tragedia	โศกนาฏกรรม

Los Medios de Comunicación
สื่อมวลชน

Actitudes	ทัศนคติ
Comercial	โฆษณา
Comunicación	การสื่อสาร
Digital	ดิจิทัล
Edición	ฉบับ
Educación	การศึกษา
En Línea	ออนไลน์
Financiación	ทุน
Fotos	ภาพถ่าย
Hechos	ข้อเท็จจริง
Industria	อุตสาหกรรม
Intelectual	สติปัญญา
Local	ท้องถิ่น
Opinión	ความเห็น
Periódicos	หนังสือพิมพ์
Público	สาธารณะ
Radio	วิทยุ
Red	เครือข่าย
Revistas	นิตยสาร
Televisión	โทรทัศน์

Mamíferos
สัตว์เลี้ยงลูกด้วยนม

Ballena	วาฬ
Burro	ลา
Caballo	ม้า
Camello	อูฐ
Canguro	จิงโจ้
Cebra	ม้าลาย
Conejo	กระต่าย
Coyote	โคโยตี้
Delfín	ปลาโลมา
Elefante	ช้าง
Gato	แมว
Gorila	กอริลลา
Jirafa	ยีราฟ
Lobo	หมาป่า
Mono	ลิง
Oso	หมี
Oveja	แกะ
Perro	หมา
Toro	โค
Zorro	ฟ็อกซ์

Mascotas
สัตว์เลี้ยง

Agua	น้ำ
Cabra	แพะ
Cachorro	ลูกหมา
Cola	หาง
Collar	ป
Comida	อาหาร
Conejo	กระต่าย
Correa	สายจูง
Garras	กรงเล็บ
Gato	แมว
Hámster	แฮมสเตอร์
Lagarto	กิ้งก่า
Loro	นกแก้ว
Patas	อุ้งเท้า
Perro	หมา
Pescado	ปลา
Ratón	หนู
Tortuga	เต่า
Vaca	วัว
Veterinario	สัตวแพทย์

Matemáticas
คณิตศาสตร์

Aritmética	เลขคณิต
Ángulos	มุม
Circunferencia	เส้นรอบวง
Decimal	ทศนิยม
División	แผนก
Ecuación	สมการ
Exponente	ตัวแทน
Fracción	เศษส่วน
Geometría	เรขาคณิต
Grados	องศา
Números	หมายเลข
Paralelo	ขนาน
Perímetro	ขอบ
Perpendicular	ตั้งฉาก
Radio	รัศมี
Simetría	สมมาตร
Suma	รวม
Triángulo	สามเหลี่ยม
Volumen	ระดับเสียง

Mediciones
การวัด

Altura	ความสูง
Ancho	ความกว้าง
Byte	ไบต์
Centímetro	เซนติเมตร
Decimal	ทศนิยม
Grado	องศา
Gramo	กรัม
Kilogramo	กิโลกรัม
Kilómetro	กิโลเมตร
Litro	ลิตร
Longitud	ความยาว
Masa	มวล
Metro	เมตร
Minuto	นาที
Onza	ออนซ์
Peso	น้ำหนัก
Profundidad	ความลึก
Pulgada	นิ้ว
Tonelada	ตัน
Volumen	ระดับเสียง

Meditación
การทำสมาธิ

Aceptación	การยอมรับ
Atención	ความสนใจ
Bondad	ความเมตตา
Calma	สงบ
Claridad	ความชัดเจน
Emociones	อารมณ์
Felicidad	ความสุข
Gratitud	ความกตัญญู
Mental	จิต
Mente	ใจ
Movimiento	การเคลื่อนไหว
Música	ดนตรี
Naturaleza	ธรรมชาติ
Observación	การสังเกต
Paz	สันติภาพ
Pensamientos	ความคิด
Perspectiva	มุมมอง
Postura	ท่าทาง
Respiración	การหายใจ
Silencio	ความเงียบ

Mitología
ตำนานเทพนิยาย

Arquetipo	ต้นแบบ
Celos	ความหึงหวง
Cielo	สวรรค์
Comportamiento	พฤติกรรม
Creación	การสร้าง
Creencias	ความเชื่อ
Criatura	สิ่งมีชีวิต
Cultura	วัฒนธรรม
Desastre	ภัยพิบัติ
Fuerza	แรง
Guerrero	นักรบ
Héroe	ฮีโร่
Inmortalidad	อมตภาพ
Laberinto	เขาวงกต
Leyenda	ตำนาน
Monstruo	สัตว์ประหลาด
Mortal	ยแร
Rayo	ฟ้าผ่า
Trueno	ฟ้าร้อง
Venganza	แก้แค้น

Música
ดนตรี

Armonía	ความสามัคคี
Álbum	อัลบั้ม
Balada	บัลลาด
Cantante	นักร้อง
Cantar	ร้องเพลง
Clásico	คลาสสิก
Ecléctico	ผสมผสาน
Grabación	การบันทึก
Improvisar	โอ๊ะโอ่
Instrumento	ตราสาร
Lírico	ลีริคัล
Melodía	ทำนอง
Micrófono	ไมโครโฟน
Musical	ดนตรี
Músico	นักดนตรี
Ópera	โอเปร่า
Poético	บทกวี
Ritmo	จังหวะ
Rítmico	เป็นจังหวะ

Naturaleza
ธรรมชาติ

Abejas	ผึ้ง
Acantilados	หน้าผา
Animales	สัตว์
Ártico	อาร์กติก
Belleza	ความงาม
Bosque	ป่า
Desierto	ทะเลทราย
Dinámico	พลวัต
Erosión	ร่อน
Follaje	ใบไม้
Glaciar	ธารน้ำแข็ง
Montañas	ภูเขา
Niebla	หมอก
Nubes	เมฆ
Pacífico	สงบ
Refugio	ที่หลบภัย
Río	แม่น้ำ
Sereno	นิ่ง
Tropical	เขตร้อน
Vital	สำคัญมาก

Negocio
ธุรกิจ

Carrera	อาชีพ
Costo	ค่าใช้จ่าย
Descuento	ส่วนลด
Dinero	เงิน
Economía	เศรษฐศาสตร์
Empleado	พนักงาน
Empleador	นายจ้าง
Empresa	บริษัท
Fábrica	โรงงาน
Finanzas	การเงิน
Impuestos	ภาษี
Inversión	การลงทุน
Mercancía	สินค้า
Moneda	เงินตรา
Oficina	ออฟฟิศ
Presupuesto	งบประมาณ
Tienda	ร้าน
Trabajo	งาน
Transacción	ธุรกรรม
Venta	ขาย

Nutrición
โภชนาการ

Amargo	ขม
Apetito	ความกระหาย
Calidad	คุณภาพ
Calorías	แคลอรี่
Carbohidratos	คาร์โบไฮเดรต
Cereales	ซีเรียล
Comestible	กินได้
Dieta	อาหาร
Digestión	การย่อย
Equilibrado	สมดุล
Fermentación	การหมัก
Nutriente	สารอาหาร
Peso	น้ำหนัก
Proteínas	โปรตีน
Sabor	รสชาติ
Salsa	ซอส
Salud	สุขภาพ
Saludable	แข็งแรง
Toxina	พิษ
Vitamina	วิตามิน

Números
ตัวเลข

Catorce	สิบสี่
Cero	ศูนย์
Cinco	ห้า
Cuatro	สี่
Decimal	ทศนิยม
Diecinueve	สิบเก้า
Dieciocho	สิบแปด
Dieciséis	สิบหก
Diecisiete	สิบเจ็ด
Diez	สิบ
Doce	สิบสอง
Dos	สอง
Nueve	เก้า
Ocho	แปด
Quince	สิบห้า
Seis	หก
Siete	เจ็ด
Trece	สิบสาม
Tres	สาม
Veinte	ยี่สิบ

Océano
มหาสมุทร

Alga	สาหร่าย
Anguila	ปลาไหล
Arrecife	รีฟ
Atún	ทูน่า
Ballena	วาฬ
Barco	เรือ
Camarón	กุ้ง
Cangrejo	ปู
Coral	ปะการัง
Delfín	ปลาโลมา
Esponja	ฟองน้ำ
Mareas	น้ำขึ้นน้ำลง
Medusa	แมงกะพรุน
Ostra	หอยนางรม
Pescado	ปลา
Pulpo	ปลาหมึกยักษ์
Sal	เกลือ
Tiburon	ฉลาม
Tormenta	พายุ
Tortuga	เต่า

Paisajes
ทิวทัศน์

Cascada	น้ำตก
Cueva	ถ้ำ
Desierto	ทะเลทราย
Estuario	ปากน้ำ
Géiser	ไกเซอร์
Glaciar	ธารน้ำแข็ง
Iceberg	ภูเขาน้ำแข็ง
Isla	เกาะ
Lago	ทะเลสาบ
Laguna	ลากูน
Mar	ทะเล
Montaña	ภูเขา
Oasis	โอเอซิส
Pantano	บึง
Península	คาบสมุทร
Playa	ชายหาด
Río	แม่น้ำ
Tundra	ทุนดรา
Valle	หุบเขา
Volcán	ภูเขาไฟ

Países #1
ประเทศ #1

Alemania	เยอรมนี
Argentina	อาร์เจนตินา
Bélgica	เบลเยียม
Brasil	บราซิล
Canadá	แคนาดา
Ecuador	เอกวาดอร์
Egipto	อียิปต์
España	สเปน
Filipinas	ฟิลิปปินส์
Honduras	ฮอนดูรัส
India	อินเดีย
Italia	อิตาลี
Libia	ลิเบีย
Malí	มาลี
Marruecos	โมร็อคโค
Nicaragua	นิการากัว
Noruega	นอร์เวย์
Panamá	ปานามา
Polonia	โปแลนด์
Venezuela	เวเนซุเอลา

Países #2
ประเทศ #2

Albania	แอลเบเนีย
Australia	ออสเตรเลีย
Austria	ออสเตรีย
Dinamarca	เดนมาร์ก
Etiopía	เอธิโอเปีย
Francia	ฝรั่งเศส
Grecia	กรีซ
Indonesia	อินโดนีเซีย
Irlanda	ไอร์แลนด์
Jamaica	จาไมก้า
Japón	ญี่ปุ่น
Laos	ลาว
México	เม็กซิโก
Pakistán	ปากีสถาน
Portugal	โปรตุเกส
Rusia	รัสเซีย
Siria	ซีเรีย
Sudán	ซูดาน
Ucrania	ยูเครน
Uganda	ยูกันดา

Pájaros
นก

Avestruz	นกกระจอกเทศ
Águila	อินทรี
Cigüeña	นกกระสา
Cisne	หงส์
Cuco	นกกาเหว่า
Cuervo	อีกา
Flamenco	ฟลามิงโก
Ganso	ห่าน
Garza	กระสา
Gaviota	นางนวล
Gorrión	กระจอก
Halcón	เหยี่ยว
Huevo	ไข่
Loro	นกแก้ว
Paloma	นกพิราบ
Pato	เป็ด
Pelícano	นกกระทุง
Pingüino	เพนกวิน
Pollo	ไก่
Tucán	ทูแคน

Plantas
พืช

Arbusto	บุช
Árbol	ต้นไม้
Bambú	ไม้ไผ่
Baya	เบอร์รี่
Bosque	ป่า
Botánica	พฤกษศาสตร์
Cactus	กระบองเพชร
Fertilizante	ปุ๋ย
Flor	ดอกไม้
Flora	ฟลอรา
Follaje	ใบไม้
Frijol	ถั่ว
Hiedra	ไอวี่
Hierba	หญ้า
Jardín	สวน
Musgo	มอสส์
Pétalo	กลีบ
Raíz	ราก
Sol	ดวงอาทิตย์
Vegetación	พืช

Profesiones #1
วิชาชีพ #1

Abogado	ทนายความ
Astrónomo	นักดาราศาสตร์
Atleta	นักกีฬา
Bailarín	นักเต้น
Banquero	นายธนาคาร
Bombero	ดับเพลิง
Cazador	ฮันเตอร์
Doctor	หมอ
Editor	บรรณาธิการ
Embajador	เอกอัครราชทูต
Enfermera	พยาบาล
Entrenador	โค้ช
Fontanero	ช่างประปา
Geólogo	นักธรณีวิทยา
Joyero	อัญมณี
Marinero	กะลาสี
Músico	นักดนตรี
Pianista	นักเปียโน
Psicólogo	นักจิตวิทยา
Veterinario	สัตวแพทย์

Profesiones #2
วิชาชีพ #2

Agricultor	ชาวนา
Astronauta	นักบินอวกาศ
Bibliotecario	บรรณารักษ์
Biólogo	นักชีววิทยา
Cirujano	ศัลยแพทย์
Dentista	ทันตแพทย์
Detective	นักสืบ
Filósofo	นักปรัชญา
Fotógrafo	ช่างภาพ
Ingeniero	วิศวกร
Inventor	นักประดิษฐ์
Investigador	นักวิจัย
Jardinero	คนสวน
Lingüista	นักภาษาศาสตร์
Médico	แพทย์
Periodista	นักข่าว
Piloto	นักบิน
Pintor	จิตรกร
Profesor	ครู
Zoólogo	นักสัตววิทยา

Psicología
จิตวิทยา

Cita	การนัดหมาย
Clínico	คลินิก
Comportamiento	พฤติกรรม
Conflicto	ความขัดแย้ง
Ego	อัตตา
Emociones	อารมณ์
Evaluación	การประเมิน
Experiencias	ประสบการณ์
Ideas	ไอเดีย
Inconsciente	หมดสติ
Infancia	วัยเด็ก
Influencias	อิทธิพล
Pensamientos	ความคิด
Percepción	การรับรู้
Personalidad	บุคลิกภาพ
Problema	ปัญหา
Realidad	ความเป็นจริง
Subconsciente	จิตใต้สำนึก
Sueños	ความฝัน
Terapia	การบำบัด

Química
เคมีภัณฑ์

Alcalino	ด่าง
Ácido	กรด
Calor	ความร้อน
Carbono	คาร์บอน
Catalizador	ตัวเร่ง
Cloro	คลอรีน
Electrón	อิเล็กตรอน
Enzima	เอนไซม์
Gas	แก๊ส
Hidrógeno	ไฮโดรเจน
Ion	ไอออน
Líquido	ของเหลว
Metales	โลหะ
Molécula	โมเลกุล
Nuclear	นิวเคลียร์
Oxígeno	ออกซิเจน
Peso	น้ำหนัก
Reacción	ปฏิกิริยา
Sal	เกลือ
Temperatura	อุณหภูมิ

Restaurante #1
ร้านอาหาร #1

Alergia	ภูมิแพ้
Café	กาแฟ
Cajero	แคชเชียร์
Camarera	พนักงานเสิร์ฟ
Carne	เนื้อ
Cocina	ครัว
Comer	กิน
Comida	อาหาร
Cuchillo	มีด
Ingredientes	ส่วนผสม
Menú	เมนู
Pan	ขนมปัง
Picante	เผ็ด
Plato	จาน
Pollo	ไก่
Postre	ขนม
Reserva	การจอง
Salsa	ซอส
Servilleta	ผ้าเช็ดปาก
Tazón	ชาม

Restaurante #2
ร้านอาหาร #2

Agua	น้ำ
Almuerzo	อาหารกลางวัน
Bebida	เครื่องดื่ม
Camarero	บริกร
Cena	อาหารเย็น
Cuchara	ช้อน
Delicioso	อร่อย
Ensalada	สลัด
Especias	เครื่องเทศ
Fideos	ก๋วยเตี๋ยว
Fruta	ผลไม้
Hielo	น้ำแข็ง
Huevos	ไข่
Pastel	เค้ก
Pescado	ปลา
Sal	เกลือ
Silla	เก้าอี้
Sopa	ซุป
Tenedor	ส้อม
Verduras	ผัก

Ropa
เสื้อผ้า

Abrigo	เสื้อโค้ท
Bufanda	ผ้าพันคอ
Calcetines	ถุงเท้า
Camisa	เสื้อ
Chaqueta	แจ็คเก็ต
Cinturón	เข็มขัด
Collar	สร้อยคอ
Delantal	ผ้ากันเปื้อน
Falda	กระโปรง
Guantes	ถุงมือ
Jeans	ยีนส์
Moda	แฟชั่น
Pantalones	กางเกง
Pijama	ชุดนอน
Pulsera	สร้อยข้อมือ
Sandalias	รองเท้าแตะ
Sombrero	หมวก
Suéter	เสื้อคลุม
Vestido	ชุด
Zapato	รองเท้า

Salud y Bienestar #1
สุขภาพและสุขภาพ #1

Activo	คล่องแคล่ว
Altura	ความสูง
Bacterias	แบคทีเรีย
Clínica	คลินิก
Doctor	หมอ
Farmacia	ร้านขายยา
Fractura	แตกหัก
Hambre	ความหิว
Hábito	นิสัย
Hormonas	ฮอร์โมน
Huesos	กระดูก
Medicina	ยา
Músculos	กล้ามเนื้อ
Piel	ผิว
Postura	ท่าทาง
Reflejo	สะท้อน
Relajación	ผ่อนคลาย
Terapia	การบำบัด
Tratamiento	การรักษา
Virus	ไวรัส

Salud y Bienestar #2
สุขภาพและสุขภาพ #2

Alergia	ภูมิแพ้
Apetito	ความกระหาย
Caloría	แคลอรี่
Deshidratación	การคายน้ำ
Dieta	อาหาร
Digestión	การย่อย
Energía	พลังงาน
Enfermedad	โรค
Estrés	ความเครียด
Genética	พันธุศาสตร์
Higiene	สุขอนามัย
Hospital	โรงพยาบาล
Infección	การติดเชื้อ
Masaje	นวด
Nutrición	โภชนาการ
Peso	น้ำหนัก
Recuperación	การกู้คืน
Saludable	แข็งแรง
Sangre	เลือด
Vitamina	วิตามิน

Suministros de Arte
อุปกรณ์ศิลปะ

Aceite	น้ำมัน
Acrílico	อะคริลิค
Acuarelas	สีน้ำ
Agua	น้ำ
Arcilla	เคลย์
Borrador	ยางลบ
Caballete	ขาตั้ง
Carbón	ถ่าน
Cámara	กล้อง
Cepillos	แปรง
Colores	สี
Ideas	ไอเดีย
Lápices	ดินสอ
Mesa	โต๊ะ
Papel	กระดาษ
Pasteles	พาส
Pegamento	กาว
Silla	เก้าอี้
Tinta	หมึก

Tecnología
เทคโนโลยี

Archivo	ไฟล์
Blog	บล็อก
Bytes	ไบต์
Cámara	กล้อง
Cursor	เคอร์เซอร์
Datos	ข้อมูล
Digital	ดิจิทัล
Estadísticas	สถิติ
Fuente	แบบอักษร
Internet	อินเทอร์เน็ต
Investigación	วิจัย
Mensaje	ข้อความ
Navegador	เบราว์เซอร์
Ordenador	คอมพิวเตอร์
Pantalla	หน้าจอ
Seguridad	ความปลอดภัย
Software	ซอฟต์แวร์
Virtual	เสมือน
Virus	ไวรัส

Tiempo
เวลา

Ahora	ตอนนี้
Antes	ก่อน
Anual	ประจำปี
Año	ปี
Ayer	เมื่อวาน
Calendario	ปฏิทิน
Década	ทศวรรษ
Día	วัน
Futuro	อนาคต
Hora	ชั่วโมง
Hoy	วันนี้
Mañana	เช้า
Mediodía	เที่ยง
Mes	เดือน
Minuto	นาที
Momento	ขณะ
Noche	กลางคืน
Reloj	นาฬิกา
Semana	สัปดาห์
Siglo	ศตวรรษ

Tipos de Cabello
ประเภทผม

Blanco	ขาว
Brillante	เงา
Cabelludo	หนังศีรษะ
Calvo	หัวล้าน
Corto	สั้น
Delgada	บาง
Gris	สีเทา
Grueso	หนา
Largo	ยาว
Marrón	สีน้ำตาล
Negro	สีดำ
Ondulado	หยัก
Plata	เงิน
Rizado	หยิก
Rubio	สีบลอนด์
Saludable	แข็งแรง
Seco	แห้ง
Suave	อ่อนนุ่ม
Trenzado	ถัก
Trenzas	ถักเปีย

Universo
จักรวาล

Astronomía	ดาราศาสตร์
Astrónomo	นักดาราศาสตร์
Atmósfera	บรรยากาศ
Cielo	ท้องฟ้า
Cósmico	ฟังดู
Ecuador	เส้นศูนย์สูตร
Galaxia	กาแลกซี่
Hemisferio	ซีกโลก
Horizonte	ขอบฟ้า
Inclinación	เอียง
Latitud	ละติจูด
Longitud	เส้นแวง
Luna	ดวงจันทร์
Oscuridad	ความมืด
Órbita	วงโคจร
Solar	แสงอาทิตย์
Solsticio	อายัน
Visible	มองเห็นได้
Zodíaco	จักรราศี

Vacaciones #2
วันหยุด #2

Aeropuerto	สนามบิน
Carpa	เต็นท์
Destino	ปลายทาง
Extranjero	ชาวต่างชาติ
Fotos	ภาพถ่าย
Hotel	โรงแรม
Isla	เกาะ
Mapa	แผนที่
Mar	ทะเล
Montañas	ภูเขา
Ocio	เวลาว่าง
Playa	ชายหาด
Reservas	จอง
Restaurante	ร้านอาหาร
Taxi	แท็กซี่
Transporte	การขนส่ง
Tren	รถไฟ
Vacaciones	วันหยุด
Viaje	การเดินทาง
Visa	วีซ่า

Vehículos
ยานพาหนะ

Ambulancia	รถพยาบาล
Autobús	รถเมล์
Avión	เครื่องบิน
Balsa	แพ
Barco	เรือ
Bicicleta	จักรยาน
Camión	รถบรรทุก
Caravana	คาราวาน
Coche	รถ
Cohete	จรวด
Ferry	เรือข้ามฟาก
Helicóptero	เฮลิคอปเตอร์
Lanzadera	กระสวย
Metro	รถไฟใต้ดิน
Motor	เครื่องยนต์
Neumáticos	ยาง
Submarino	เรือดำน้ำ
Taxi	แท็กซี่
Tractor	รถแทรกเตอร์
Tren	รถไฟ

Verduras
ผักสด

Ajo	กระเทียม
Alcachofa	อาติโช๊ค
Apio	ขึ้นฉ่าย
Berenjena	มะเขือ
Brócoli	บรอกโคลี
Calabaza	ฟักทอง
Cebolla	หัวหอม
Ensalada	สลัด
Espinacas	ผักโขม
Guisante	ถั่ว
Jengibre	ขิง
Nabo	หัวผักกาด
Oliva	มะกอก
Patata	มันฝรั่ง
Pepino	แตงกวา
Perejil	ผักชีฝรั่ง
Rábano	หัวไชเท้า
Seta	เห็ด
Tomate	มะเขือเทศ
Zanahoria	แครอท

Enhorabuena

Lo has conseguido!

Esperamos que hayas disfrutado de este libro tanto como nosotros al diseñarlo. Nos esforzamos por crear libros de la máxima calidad posible.
Esta edición está diseñada para proporcionar un aprendizaje inteligente, de calidad y divertido!

¿Te ha gustado este libro?

Una Petición Sencilla

Estos libros existen gracias a las reseñas que se publican.
¿Podrías ayudarnos dejando una reseña ahora?
Aquí tienes un breve enlace a la página de reseñas

BestBooksActivity.com/Opiniones50

¡DESAFÍO FINAL!

Reto n°1

¿Estás listo para tu juego gratis? Los utilizamos siempre, pero no son tan fáciles de encontrar. ¡Aquí están los **Sinónimos!**

Escribe 5 palabras que hayas encontrado en los rompecabezas (#21, #36, #76) y trata de encontrar 2 sinónimos para cada palabra.

Escriba 5 palabras del **Puzzle 21**

Palabras	Sinónimo 1	Sinónimo 2

Escriba 5 palabras del **Puzzle 36**

Palabras	Sinónimo 1	Sinónimo 2

Escriba 5 palabras del **Puzzle 76**

Palabras	Sinónimo 1	Sinónimo 2

Reto n°2

Ahora que te has calentado, escribe 5 palabras que hayas encontrado en los Puzzles 9, 17 y 25 e intenta encontrar 2 antónimos para cada palabra. ¿Cuántos puedes encontrar en 20 minutos?

*Escriba 5 palabras del **Puzzle 9***

Palabras	Antónimo 1	Antónimo 2

*Escriba 5 palabras del **Puzzle 17***

Palabras	Antónimo 1	Antónimo 2

*Escriba 5 palabras del **Puzzle 25***

Palabras	Antónimo 1	Antónimo 2

Reto n°3

¡Genial! Este desafío final 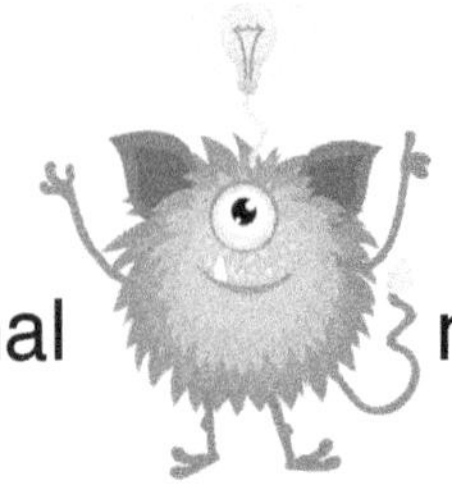   no es nada para ti.

¿Preparado para el reto final? Elige 10 palabras que hayas descubierto en los diferentes rompecabezas y escríbelas a continuación.

1.	6.
2.	7.
3.	8.
4.	9.
5.	10.

Ahora escribe un texto pensando en una persona, un animal o un lugar que te guste.

Puedes usar la última página de este libro como borrador.

Tu Composición:

CUADERNO DE NOTAS :

HASTA PRONTO !

Todo el Equipo